지은이 이반 키리오우
프랑스의 과학 저널리스트이자 과학사 박사입니다. 다양한 과학 주제에 관심을 가지고 연구를 하고 있으며,
대중적이고 흥미로운 과학 관련 책들을 펴내고 있습니다.

지은이 리아 밀센트
프랑스 파리 제6대학(피에르 마리 퀴리 대학)에서 심리 측정학 학위를 따고 골병증과 신경 과학 및 통증 연구 및 실습,
소아과·산부인과·내분비 학과 교육 이수, 수동 치료 전문 교육을 받았습니다. 통증과 근육 관련 컨설턴트로 활동하고 있으며,
정기적으로 강의 및 교육, 상담을 하면서 과학과 의학 관련 책을 쓰고 있습니다.

옮긴이 김성희
부산대학교 불어교육과와 동대학원을 졸업하고 현재 전문 번역가로 활동 중입니다.
주요 역서로는 《대단하고 유쾌한 과학 이야기》, 《우유의 역습》, 《철학자들의 식물도감》, 《부엌의 화학자》,
《인간의 유전자는 어떻게 진화하는가》, 《분류와 진화》, 《죽는다는 것은 무엇인가》, 《인체와 기계의 공생 어디까지 왔나》,
《물질은 어떻게 생명체가 되었을까》, 《예술의 기원》, 《최초의 도구》, 《아들아 넌 부자가 될 거야》, 《부모의 심리백과》,
《생의 마지막 순간 나는 학생이 되었다》, 《심플하게 산다》, 《방랑자 선언》, 《세상에는 없는 미술관》, 《착각을 부르는 미술관》,
《세상을 바꾼 작은 우연들》 등이 있습니다.

초판 1쇄 발행 2021년 12월 6일 | 초판 2쇄 발행 2022년 11월 15일
지은이 이반 키리오우·리아 밀센트 | 옮긴이 김성희
펴낸곳 보랏빛소 | 펴낸이 김철원 | 책임편집 김이슬 | 디자인 진선미 | 마케팅·홍보 이태훈
출판신고 2014년 11월 26일 제2015-000327호 | 주소 서울시 마포구 포은로 81-1 에스빌딩 201호
대표전화·팩시밀리 070-8668-8802 (F)02-323-8803 | 이메일 boracow8800@gmail.com
ISBN 979-11-90867-56-6 (74400)

Copyright ⓒ Larousse 2017
21 rue du Montparnasse - 75006 Paris
Written by Ivan Kiriow and Léa Milsent
Original Title : Le Zapping des Sciences

All rights reserved.
No part of this book may be reproduced or transmitted in any form or by any means,
electronic or mechanical, including photocopying, recording, or by any information storage and retrieval system,
without the written permission of the publisher.

Korean language edition ⓒ 2021 by Borabitso Publishing Co.
Korean translation rights arranged with Editions LAROUSSE through Pop Agency, Korea.

- 이 책의 한국어판 저작권은 팝에이전시(POP AGENCY)를 통한 저작권사와의 독점 계약으로 보랏빛소가 소유합니다.
- 신 저작권법에 의하여 한국 내에서 보호를 받는 저작물이므로 무단전재와 무단복제를 금합니다.

과학적 사고력을 키워 주는
필독 교양 백과

은근히 재미있는 과학책

생명과 인체

이반 카리오우·리아 밀센트 지음 | 김성희 옮김

보랏빛소 어린이
Borabit Cow

일러두기

1. 본문에 나오는 인명, 지명, 용어 등은 국립국어원의 표기법을 따르되, 경우와 필요에 따라 역자나 편집자가 임의로 선택하였습니다.
2. 프랑스 원서 특성상 본문에 수록된 사례나 통계가 프랑스를 기준으로 작성되어 있습니다. 그중 가능한 부분은 편집부에서 임의로 유사한 국내의 사례나 통계로 교체하였습니다.

추천사

과학이란 지식의 총합이 아니라 생각하는 방법이고 세상에 대한 태도다. 하지만 방법과 태도는 지식이 있어야 생기는 법. 교양 과학의 세계에 들어가기 위해서 생명, 진화, 지구, 우주, 인체, 기술 등 과학의 전반적인 부분을 짧고 명료하게 정리한 과학 백과 사전 같은 책이 집집마다 필요한 이유다. 《은근히 재미있는 과학책》은 이 역할을 충실히 담당하는 시리즈다.

-이정모 (국립 과천과학관장)-

과학을 공부하기 시작하는 학생들에게 '과학'은 무엇보다 쉽고, 재미있어야 한다. 어려운 용어와 긴 설명은 '과학'으로부터 멀어지게 할 수 있기 때문이다. 이 책은 과학의 발달 과정에서 중요한 역할을 했던 과학자와, 과학사에 영향을 미친 주요 사건들을 흥미로운 제목과 간결한 문체로 스토리를 구성하여 제시하고 있다. 이제 막 과학을 공부하기 시작하는 학생들과 술술 읽히는 '과학 교양서'를 찾고 있던 성인 독자에게 이 책을 권하고 싶다. 이 책을 통해 '우리는 대체 어디에서 왔는지, 무엇으로 이루어져 있는지, 어떻게 살아가야 하는지'에 대한 해답을 찾을 수 있을 것이다.

-장성민 (현 선덕고등학교 화학 교사, 전 EBSi 화학논술 대표 강사)-

차례

추천사 • 3

1. 뿌리를 찾아서 • 6
인류가 되기까지의 긴 여정 • 8
선사시대의 10대 사건 • 10
화석은 알고 있다 • 12
지구의 나이 • 14
공룡은 왜 멸종했을까? • 16
멸종은 아직 끝나지 않았다! • 18
점점 밝혀지는 인류의 비밀 • 20
찰스 다윈과 진화론 • 22
진화 : 끝없는 논쟁 • 24
자연 발생의 미스터리 • 26
창조론과 성경 이야기 • 28

2. 놀라운 생명의 세계 • 30
세포 : 생물의 기본 조각 • 32
생식에 관한 주장들 • 34
무한히 작은 세계 • 36
동물과 식물과 박물학 • 38
멘델 : 유전학을 창시하다 • 40
유전자와 염색체 • 42
DNA와 유전의 비밀 • 44
단백질 : 만능 재주꾼 • 46
세포 : 생명의 비밀 열쇠 • 48
심장 : 생명의 중심 • 50
1+1=1 : 생식과 복제 • 52
바이러스의 습격 • 54
세균 : 30조가 넘는 우리의 친구 • 56
똑똑한 동물들 • 58
코끼리는 왜 그렇게 큰 귀를 가졌을까? • 60
극한 환경에서 사는 생물들 • 62
효소와 효모 • 64
DNA와 분자 생물학 • 66
유전 공학 • 68

3. 인체를 샅샅이 파헤치다 • 70

신의 의학, 인간의 것이 되다 • 72
해부의 역사 • 74
실험 의학으로의 변화 • 76
외과 : 이발관에서 수술대로 • 78
그래도 혈액은 돈다! • 80
이식의 역사 : 현대판 프랑켄슈타인 • 82
생사를 가르는 수혈 • 84
정신 의학 : 마음을 치료하다 • 86
장의 비밀 • 88
세균 사냥꾼 파스퇴르 • 90
백신 : 질병을 정복하다? • 92

온몸의 신경 • 94
뇌 : 정신 활동의 중심 • 96
뇌의 구조 • 98
기억과 망각 • 100
호르몬이 원인? • 102
뇌의 장난들 • 104
배고픔도 과학이다 • 106
복제와 줄기세포 : 환상과 현실 • 108
HIV : 의학이 풀어야 할 숙제 • 110
자가 면역과 암 : 인체의 반항! • 112
인체의 균형 • 114
인체를 위한 600개의 근육 • 116
인체를 꿰뚫어 보다 • 118
현대 의학의 현황 • 120

주요 어휘 사전 • 122
찾아보기 • 124
이미지 자료 출처 • 125

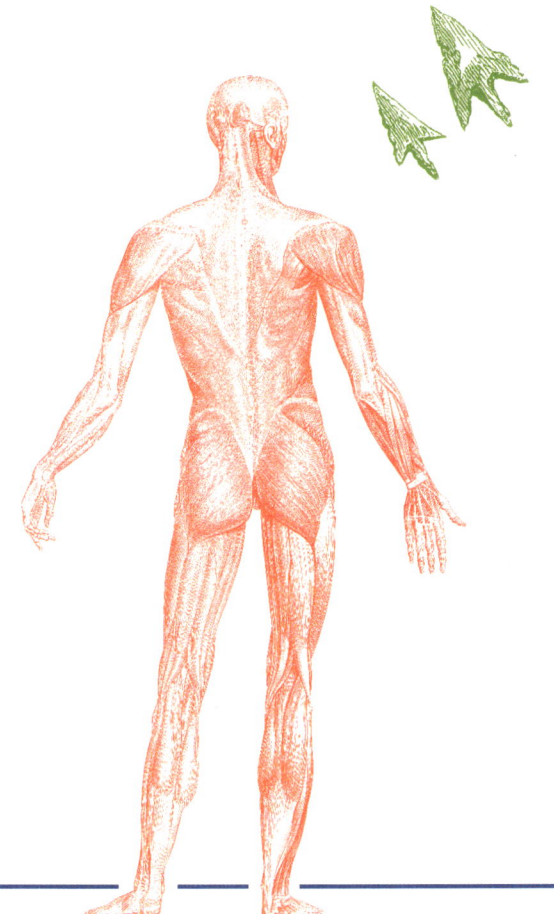

뿌리를 찾아서

인간의 뿌리를 찾아라!

인간은 자신을 둘러싼 모든 것을 알고 싶어합니다. 우리는 대체 어디에서 왔는지, 무엇으로 이루어져 있는지, 어떻게 살아가야 하는지……. 그래서 고대 그리스 철학자 아리스토텔레스는 이렇게 말했답니다. "모든 인간은 알고자 하는 욕망을 타고난다." 그리고 이러한 욕망 덕분에 오늘날의 과학이 있게 되었습니다. "우리는 어디에서 왔는가?"라는 질문의 답을 찾아가며 과학이 발전하게 되었거든요. 꽤 오랜 시간 인간은 이 질문의 답을 전설이나 종교에서 찾았어요. 그러다가 비교적 최근에 와서부터 사실을 근거로 한 논리적인 정보를 토대로 답을 찾기 시작했지요. 19세기에 생물학자 다윈이 진화론을 주장했고, 그러면서 두 가지 중요한 연구를 시작했거든요. 첫 번째는 인간의 뿌리를 찾는 연구, 두 번째는 모든 생명의 뿌리를 찾는 연구였답니다.

타임머신이 없어도 과거를 볼 수 있을까?

인간이 어디에서 왔는지를 알아보기 위해서는 어떻게 해야 할까요? 타임머신을 타고 과거로 갈 수 있다면 참 좋겠지만, 아쉽게도 아직은 그런 기술이 없어요. 게다가 인간의 뿌리를 찾는 일은 생각보다 더 어렵고 복잡한 일이에요. 예를 들어 다윈은 고릴라나 오랑우탄 같은 유인원이 진화해서 인간이 되었다고 주장했는데, 신이 인간을 창조했다고 생각하는 많은 사람들에게 비난을 받기도 했답니다. 생명은 너무나 소중하고 존엄한 것이기에 함부로 판단하고 쉽게 이야기할 수 없는 것이지요.

그뿐만이 아닙니다. 우리는 현재 가진 정보를 이용해서 과거를 추측할 수밖에 없는데, 아무래도 가진 자료가 부족하다 보니 상상력과 인내심이 많이 필요하지요. 마치 공룡의 화석처럼 말이에요.

그래도 좋은 소식이 있어요. 비록 우리는 타임머신을

만들진 못했지만, 과학의 발전으로 인해 다양한 도구를 갖게 되었답니다. 방사성 동위 원소를 이용한 연대 측정법, 정보 처리 기술에 근거한 유전자 분석, 발굴 현장을 범죄 현장처럼 조사하는 법의학 및 과학 수사용 최첨단 기법 등 말이지요!

정답은 하나가 아니야!

그러나 이런 최첨단 과학을 사용한다고 해도 인간의 뿌리를 찾는 일은 여전히 어려워요. 하나의 문제를 간신히 풀고 나면, 또 다른 문제가 기다리고 있거든요. 예를 들어 "생명은 어디에서 시작되었을까?"라는 질문에 "생명은 우주에서 시작되었다."라는 답을 내린 뒤에, 다시 "그럼 우주는 어디에서 시작되었는데?" 하는 궁금증이 생기는 것이지요.
게다가 시간이 지나고 연구가 계속될수록 다양한 가능성과 해답이 나오고 있어요. 한쪽에서는 "지구에서 최초로 직립 보행을 한 인류는 과연 누구일까?"에 관해 열심히 토론을 하고 있지만, 다른 쪽에서는 "직립 보행을 처음으로 한 인류는 어느 한 종류가 아니라, 여러 종이 동시에 했을 수도 있다."라고 말한답니다.
그래서 이제 과학자들은 인간의 뿌리에 대해 조금 다른 관점을 가지게 되었어요. 예전에는 유일하고 분명한 한 개의 줄기라고 생각했다면, 지금은 여러 개의 다양한 뿌리들이 복잡하게 얽혀 있는 굵은 줄기라고 여기게 되었지요.
정답이 딱 하나만 있다면 정말 간단하고 쉽겠지만, 인간과 생명은 그렇게 단순한 존재가 아니니까요. 게다가 과학 기술의 발전은 우리에게 점점 더 많은 해답을 찾아 주고 있답니다.
정답이 여러 개인 것은 조금 복잡하긴 해도, 나쁜 일은 아니에요. 우리 자신이 어디에서 왔는지를 훨씬 더 다채로운 시선으로 바라볼 수 있으니까요.

인류가 되기까지의 긴 여정

인류가 되다

호미니제이션

(hominization)이란 인류의 조상이 마침내 인간의 특징을 갖게 되기까지의 과정을 말합니다. 원숭이 같았던 유인원이 진화를 거쳐 인간이라고 불릴 만한 형태로 변화되는 것이지요. 호미니제이션을 겪은 종을 '호미니드'라고 부르며, 호미니드를 연구하는 학문을 '고인류학'이라고 부릅니다.

두 발로 걷다

직립 보행은 두 개의 뒷발로 일어서서 걷는 것을 말해요. 인류 진화의 첫 번째 단계로, 아주 중요한 의미를 갖지요. 물론 곰이나 원숭이(유인원)도 잠시 뒷발로 설 수 있지만, 지속적으로 서서 이동하는 것은 인류의 가장 오랜 특징이에요. 맨처음 직립 보행을 시작한 인류의 조상은 '오스트랄로피테쿠스'로 1978년에 고생물학자 메리 리키가 최초로 발견했어요. 탄자니아 라에톨리에서 3명의 호미니드가 화산재에 남긴 발자국 화석을 찾은 것이지요. 발자국의 주인은 오스트랄로피테쿠스 아파렌시스 종으로 알려져 있어요. 그러나 고인류학자들은 오스트랄로피테쿠스가 늘 직립 보행을 한 건 아니라고 말해요. 그들은 마치 원숭이처럼 주로 나무 위에서 생활하다가 필요할 때만 땅으로 내려와 걸었을 거예요.

❶ 직립 보행을 시작한 오스트랄로피테쿠스
❷ 네안데르탈인
❸ 크로마뇽인

루시는 누구?

1974년 11월 24일, 고인류학자 모리스 타이엡과 도널드 조핸슨, 이브 코팡이 이끄는 연구진은 에티오피아 아파르에서 여성 오스트랄로피테쿠스의 뼈를 발견했어요! 과학자들은 당시 유행하던 비틀즈의 노래 〈루시 인 더 스카이 위드 다이아몬드〉를 듣고 이 오스트랄로피테쿠스에게 '**루시**'라는 이름을 붙였답니다. 루시는 메리 리키가 발견한 발자국 화석의 주인과 같은 오스트랄로피테쿠스 아파렌시스 종으로 확인되었고, 연대 측정 결과 320만 년 된 유골로 밝혀졌어요.

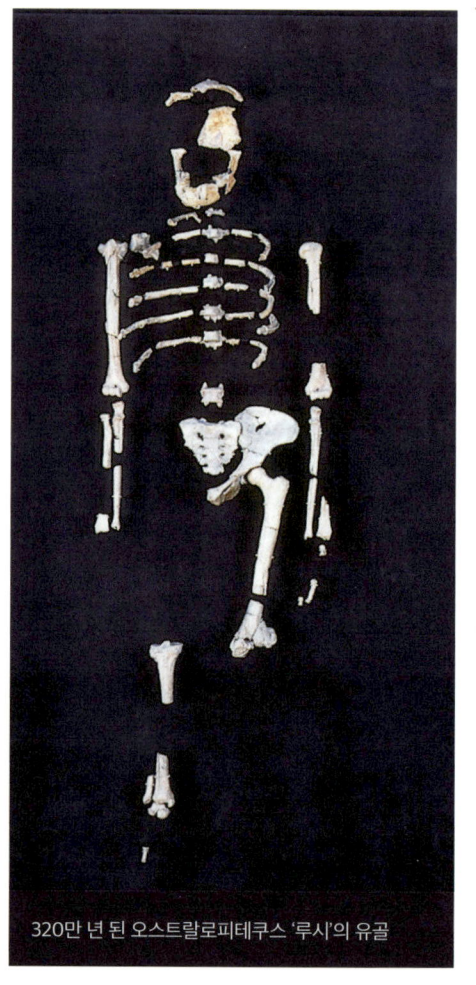

320만 년 된 오스트랄로피테쿠스 '루시'의 유골

뿌리를 찾아서

머리 크기의 변화

뇌의 발달은 호미니제이션의 중요한 기준이에요. 뇌는 두개골의 크기에 영향을 받으며 발달되었어요. 예를 들어 오스트랄로피테쿠스의 평균 두개골 용량은 400세제곱센티미터밖에 안 되지만, 이보다 진화한 호모 하빌리스는 600세제곱센티미터, 이보다 더 진화한 호모 에렉투스는 1000세제곱센티미터를 넘어가지요. 게다가 인간의 직접적인 조상인 호모 사피엔스의 경우 1650세제곱센티미터나 됩니다. 머리가 커질수록 뇌의 용량도 커지면서 더 똑똑해진 셈이지요. 그런데 크기가 전부인 것은 아니에요. 현재 인간의 두개골 크기는 평균 1350세제곱센티미터로 줄어들었기 때문이지요. 앗, 어쩌면 우리 인간들은 점점 바보가 되고 있는 것일까요?

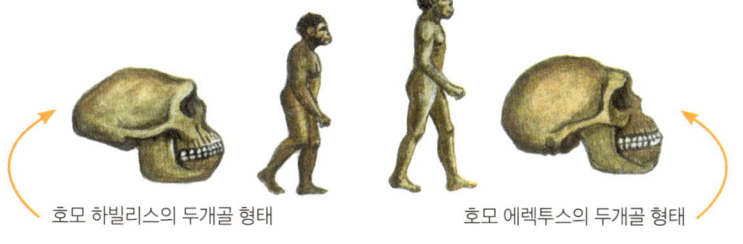

호모 하빌리스의 두개골 형태   호모 에렉투스의 두개골 형태

똑바로 서!

직립 보행은 단지 두 발로 걷는 게 전부가 아니에요. 두 발로 서는 것은 다른 동물들도 할 수 있지만, **허리를 펴고 똑바로 서서 걷는 것**은 아무나 할 수 없지요. 1891년 네덜란드의 인류학자 외젠 뒤부아는 인도네시아의 자바 지역에서 발견된 호미니드 유골을 보고 '서 있는 원숭이 인간'이라는 뜻의 '피테칸트로푸스 에렉투스'라는 이름을 붙였어요. 그 화석의 모양이 마치 인간과 원숭이의 중간 단계처럼 보였기 때문이지요. 여기에서 '서 있는 사람'이라는 뜻의 호모 에렉투스라는 명칭이 유래했답니다.

인류의 손

직립 보행을 시작한 뒤로 호미니드의 **팔과 손**은 자유로워졌어요. 걷는 건 다리에게만 맡겨도 충분했거든요. 그 덕분에 손은 유연성과 민첩성을 얻게 되었고, 이는 인류의 중요한 속성인 '도구의 제작 및 사용'으로 이어졌어요. 오스트랄로피테쿠스 아파렌시스의 손은 이미 오늘날의 인간과 매우 비슷한 형태를 갖추고 있어요. 이후 진화된 호모 하빌리스는 손을 자유롭게 사용할 수 있게 되었어요(호모 하빌리스는 '손재주 있는 사람'이라는 뜻이랍니다.). 호모 하빌리스의 화석은 1961년 탄자니아 올두바이에서 루이스·메리 리키 부부와 그 아들 조나단 리키에 의해 처음 발견되었는데, 원시적인 도구도 함께 발견되었답니다.

호미니드의 대이동

호모 에렉투스는 다른 호미니드와 달리 아시아와 유럽에서 유골이 발견되었어요. 그동안 대부분의 호미니드는 아프리카에서 발견되었거든요. 이는 호미니드가 한곳에서만 살지 않고 지역을 이동했다는 뜻이에요. 사람이 살 수 있는 곳이면 지구 어디든 정착하기 시작한 것이지요.

선사시대의 10대 사건

불을 길들이다

1. 불을 다루는 기술은 선사시대 인류가 획득한 가장 중요한 기술이에요. 가장 처음 불을 길들인 호미니드는 호모 에렉투스로 알려져 있어요. 불을 사용한 가장 오래된 흔적이 호모 에렉투스의 유골 근처에서 발견되었기 때문입니다.

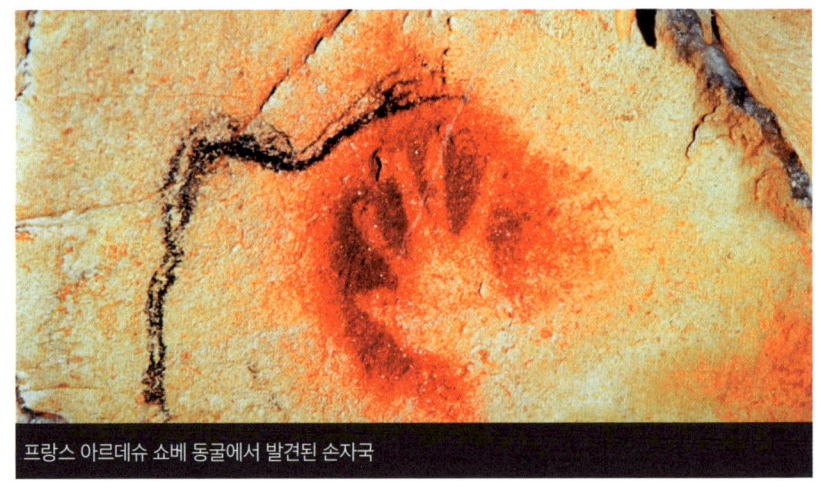
프랑스 아르데슈 쇼베 동굴에서 발견된 손자국

고유한 흔적을 남기다

3. 최초의 동굴 벽화는 3만 5000년 전에 만들어졌어요. 1991년에 잠수부 앙리 코스케가 프랑스 마르세유 인근의 해저 동굴에서 발견했지요. 1881년 프랑수아 달로가 발견한 페르농페르 동굴에도 3만 3000년~2만 6000년 정도 된 벽화들이 있어요.

도구를 사용하다

2. 도구의 사용은 인간의 고유한 특징으로 알려져 있어요. (다른 동물들도 도구를 사용하는 사례가 있는데 말이에요.) 선사시대 인류가 도구를 언제부터 쓰기 시작했는지 정확히 밝히기는 어렵지만, 호모 하빌리스가 약 250만 년 전에 돌 조각으로 무언가를 찍은 흔적이 발견되었답니다.

날카로운 도구를 만들다

4. 몇몇 동물들도 도구를 사용할 수 있지만, 인간은 그보다 더 영리하지요. 천연 재료를 가공해서 **도구와 무기**를 만들 수 있으니까요. (하지만 이렇게 할 수 있는 동물들도 있대요!) 주먹 도끼와 도끼날은 호모 에렉투스 때부터 이미 사용되었으며, 규석으로 만든 날카로운 도구는 뗀석기의 시대부터 발견됩니다. 이는 300만 년~1만 년 전까지 지속된 구석기시대의 시작을 알리는 특징이라고 볼 수 있죠.

도구를 다듬다

5. 구석기시대에 이어 약 9000년~3300년 전까지 지속된 신석기시대는 간석기의 시대로, **도구를 갈아서** 사용했어요. 구석기시대에도 도구를 갈고 다듬을 수는 있었지만, 신석기시대에 농사를 지으면서 훨씬 많이 발달했지요.

구석기시대 무스티에 문화의 뗀석기

뿌리를 찾아서

장례를 치르다

6. 인류 최초의 **무덤**은 호모 사피엔스에 의한 것으로, 약 10만 년 된 이스라엘 유적에서 발견되었어요. 물론 더 오래된 유적에서도 땅에 묻힌 유골이 발견된 적은 있지만, 무덤이라고 보기에는 조금 애매하지요. 장례를 위해 묻은 것인지, 우연히 흙이 덮인 것인지 구분하기 어렵거든요. 죽은 사람을 땅에 묻는다는 것은, 인류가 지적으로, 문화적으로 발달했다는 중요한 의미를 갖는답니다.

농사를 짓다

7. 최초로 식물의 씨를 뿌리고 키우는 **농사**가 시작된 것은 약 1만 년 전으로 알려져 있어요. 그전까지는 떠돌아다니며 사냥을 하거나 열매를 따 먹다가, 이 시점부터 농사를 지으며 한 장소에 정착을 하기 시작했지요. 그래서 농사를 '신석기시대의 혁명'이라고 부르기도 해요.

가축을 기르다

8. 농사를 지으면서 본격적으로 동물을 기르기 시작했어요. 동물을 그저 먹는 식량으로 보지 않고, 길러서 농사에 활용하게 된 것이지요. 최초의 **가축**은 소과 오록스(유럽 들소)로, 약 1만 년 전부터 기르기 시작했어요.

금속을 가공하다

9. 금속은 구리의 발견과 더불어 기원전 4000년 무렵부터 처음 사용되었어요. 하지만 제대로 **금속을 가공**하기 시작한 때는, 금속들을 녹이고 섞어서 새로운 금속을 만드는 '합금 기술'이 탄생한 시점이지요. 합금 기술에 따른 최초의 결과물은 청동으로 알려져 있어요. 구리시대에 이은 청동기시대는 기원전 2500년~기원전 1000년까지 지속되었으며, 이후에는 철기시대가 이어집니다.

문자를 발명하다

10. 마침내 **문자가 발명**되었어요! 이를 기준으로 인류는 선사시대에서 역사시대로 넘어가게 됩니다. 최초의 문자 형태는 기원전 3300년에 메소포타미아에서 등장했어요.

소 두 마리가 쟁기를 끄는 모습이 그려진 암벽화 (기원전 3000년)

화석은 알고 있다

새로운 인간의 발견

1856년 독일 뒤셀도르프 근처 네안데르탈 지역에서 처음으로 발견된 유골이 있었어요. 사람들은 지역의 이름을 따서 인간 형태의 그 유골을 **네안데르탈인**이라 부르기로 했지요. 그런데 재미있는 사실은, '네안데르탈'이라는 지명이 마침 고대 그리스어로 '새로운 인간의 계곡'을 뜻한다는 거예요!

화석이 하는 말

1859년, 프랑스 고고학자 자크 부셰 드 페르트는 '노아의 대홍수 이전 시대의 인류'에 대한 자신의 주장을 마침내 인정받았어요! **인류가 선사시대부터 존재했다**는 주장이었는데, 당시에는 인류의 출현이 기원전 4000년 무렵이라는 이론이 학계를 지배하고 있었기에 페르트는 동료 과학자들로부터 많은 비난을 받곤 했답니다.
하지만 페르트가 수년 동안 수집한 증거들 덕분에 그의 주장이 인정받게 되었어요. 예를 들면 인류의 유골과 규석 도구들이 아주 오래전에 멸종된 동물의 화석(매머드, 털코뿔소, 동굴곰)과 동일한 지질층에서 발견되었거든요.

삼엽충 화석

가짜 턱뼈 사건

1863년, 자크 부셰 드 페르트는 프랑스 솜 지역 아브빌 근처에 위치한 물랭키뇽 채석장에서 절반 정도 남은 **인류의 턱뼈**를 발견했어요. 턱뼈가 발견된 곳은 구석기시대에 만들어진 모래 지층이었어요. 그래서 사람들은 그것이 '노아의 대홍수 이전 시대의 인류'에 대한 이론을 뒷받침해 주는 명백한 증거라고 보았지요.
"이 화석이 혹시 조작된 것은 아닐까?" 하는 의심을 품은 프랑스와 영국의 학자들도 있었어요. 그들은 턱뼈를 조사하기 위해 위원회를 구성했고, 조사 결과 턱뼈는 '진짜 화석 인류의 것'이라고 판명되었답니다.
그러나 오랜 시간이 흐른 뒤, 마침내 진실이 밝혀졌어요. 턱뼈는 조작된 가짜였어요! 화석을 발견하면 보상을 해 주겠다는 페르트를 속이려고 채석장의 인부들이 가짜를 만들어 몰래 가져다 놓았던 거예요.

자크 부셰 드 페르트

뿌리를 찾아서

산은 어떻게 자라날까?

16세기의 과학자들은 사실 화석을 실제로 존재한 동물로 여기지 않았어요. 그저 우연히 돌에 동물 모양의 무늬나 형태가 생긴 것뿐이라고 생각했거든요. 심지어 프랑스의 도예가 베르나르 팔리시는 산을 '광물성 식물'이라고 주장하기도 했답니다. 산이 식물처럼 땅에서 조금씩 자라나서 생겼다고 말이에요.

내 말 좀 믿어줘!

1895년, 외젠 뒤부아는 인도네시아에서 '피테칸트로푸스(원숭이 인간)'의 유골을 발견했다고 발표했어요. 과학자들은 처음에는 뒤부아의 말을 진지하게 받아들이지 않았어요. 그러나 1923년에 베이징에서 '시난트로푸스(나중에 호모 에렉투스로 밝혀졌어요.)'가 발견되고 1924년에 남아프리카에서 최초의 오스트랄로피테쿠스 화석이 발견되자, 비로소 뒤부아의 주장을 인정하게 되었습니다.

잃어버린 고리의 발견

가짜 화석에 속은 사람은 부셰 드 페르트 혼자가 아니에요. 1899년, 찰스 도슨은 영국 필트다운에서 인류와 유인원의 **중간적인 특징을** 지닌 유골의 화석을 발견했습니다. 머리뼈는 인류의 형태인데 아래턱뼈는 유인원의 형태였어요. 도슨은 그 사실을 선사학자 아서 스미스 우드워드에게 알렸고, 두 사람은 무척 기뻐했습니다. 왜냐하면 유인원이 인류로 진화하는 중간에 어떤 모습을 하고 있었는지 그동안 밝혀진 적이 한 번도 없었거든요. 과학자들은 마침내 '잃어버린 고리'가 발견되어 모든 수수께끼가 풀렸다고 결론을 내렸어요. 유골은 50만 년 전의 것으로 추정되었고, '에오안트로푸스 도스니' 혹은 '필트다운인'이라고 불려졌어요.

진실이 밝혀지다

필트다운인은 약 40년 동안 인류 진화 과정의 퍼즐을 맞추기 위한 중요한 열쇠로 여겨졌어요. 그러나 어떤 과학자들은 유골이 조작된 것은 아닌지 의심했고, 1950년대에 새로운 연대 측정법이 나오면서 마침내 가짜라는 것이 들통 나고 말았어요! 문제의 유골은 머리뼈는 인류의 것이었으나 턱뼈는 오랑우탄의 것이었어요. 교묘하게 끼워 맞춘 조작된 화석이었지요. 사건의 범인에 대해서는 아직 밝혀진 바가 없어요. 누군가는 유골의 최초 발견자인 찰스 도슨을, 또 누군가는 발굴 현장에 있었던 젊은 신학생인 피에르 테야르 드 샤르댕을 의심했어요. 그리고 또 어떤 사람들은 아서 코넌 도일을 용의자로 지목하기도 했답니다. 셜록 홈스를 탄생시킨 소설가 말이에요!

1912년 발굴된 유골 잔해로 복원한 필트다운인의 모습

지구의 나이

나이를 밝히다

연대 측정법은 화석과 유물, 암석 등이 생성된 시기, 즉 나이를 밝혀 주는 일련의 방법을 말해요. 진화적·지질학적 사건과 발견의 역사적 연대표를 만들고, 과거의 기후 변화를 연구해서 미래의 위험에 대비하고, 해양학적 변동이나 생물학적 순환 주기를 알아내는 데 사용된답니다.

비교해서 알아보기

유물이나 도구의 나이를 알아낼 때는 이미 연대가 확인된 비슷한 물건과 **비교**해서 알아보기도 해요. 그런데 이 방법은 논란의 여지가 있어요. 같은 방식으로 만들어진 유물이어도 지역에 따라 만든 시기는 다를 수 있기 때문이죠. 생물 연대학에서는 이와 비슷한 원리를 화석과 유골의 나이를 알아볼 때 적용하기도 해요.

시대를 추측하는 지질학

1950년대까지는 **층서학**에 근거한 지질학적 방법이 많이 사용되었어요. 층서학은 지층을 이루는 겹겹의 층을 연구하는 학문으로, 몇 가지 기본 원칙을 가지고 있어요. 바닥에 가까운 층일수록 오래되었다는 것, 하나의 층은 전체적으로 같은 시기에 생성되었다는 것, 한 층이 다른 층에 의해 끊어진 경우에는 끊어진 쪽이 다른 쪽보다 오래되었다는 것 등이죠.

방사성 원소를 이용하자!

생물이나 암석이 처음 생성되면, 그것을 이루고 있는 방사성 원소는 그 순간부터 서서히 붕괴된다는 특성이 있어요. 온도나 압력 등 외부 환경에 큰 영향을 받지 않고 일정하게 붕괴되기 때문에, 이 특성을 이용하면 연대를 측정할 수 있답니다. 생물이나 암석 등에 현재 남아 있는 방사성 원소의 농도나 비율을 측정하면, 원소가 언제부터 붕괴되기 시작했는지 그 생성 시점을 추측할 수 있는 것이지요.

미국 유타주 캐피틀리프 국립 공원의 단사 지층. 층마다 암석의 연대가 다르다.

뿌리를 찾아서

나무의 연대 측정

그렇다면 나무의 나이는 어떻게 측정할 수 있을까요? 나무의 연대 측정법은 1900년대 초에 미국의 천문학자였던 앤드루 더글러스가 고안했어요. 나무가 계절에 따라, 날씨에 따라 각각 다른 굵기로 자란다는 점을 이용한 거예요. 같은 지역에서 자란 나무를 잘라 나이테를 비교해 보면 몇 번의 계절을 지났는지 그 나무의 나이를 추측할 수 있고, 기후 변화도 연구할 수 있답니다.

다양한 방식으로!

원소를 이용한 연대 측정법에 탄소14만 쓰이는 것은 아니에요. 탄소14를 이용한 방법은 지질학적 시간상 상대적으로 최근 시기에 대해서만 정확하고, 유기물에만 적용되기 때문이죠. 그래서 1만 년~3만 5000년 사이의 퇴적물이나 산호, 석순의 연대를 측정할 때는 우라늄-토륨을 사용해요. 그 밖에도 아르곤은 10만 년~1000만 년 사이의 암석 연구에 쓰이는데, 특히 폼페이 유적 연구에 많이 사용되었지요. 또한 현재 가장 먼 연대까지 적용할 수 있는 방법은 사마륨 측정법으로, 이를 이용하면 1060억 년 된 물체의 나이까지 밝힐 수 있답니다!

탄소의 이용

원소를 이용한 측정법 중에서도 1946년에 개발된 탄소14 연대 측정법은 동물의 뼈나 조직, 조개껍데기 같은 유기물의 나이를 알아내는 데 무척 유용합니다. 탄소14 역시 다른 모든 원소들처럼 일정하게 붕괴되거든요. 그러니 대상에 남아 있는 탄소를 측정하면 5만 년 전까지도 연대를 측정할 수 있어요.

빛에 노출된 시기를 밝히다

유물이 빛에 마지막으로 노출된 시점을 연구해 연대를 측정하는 기술도 있어요. '광 여기 루미네선스(Optically Stimulated Luminescence) 연대 측정법'이라는 것인데, 이 방법을 쓰면 특정 유골이 땅에 묻힌 시기를 알아낼 수 있답니다.

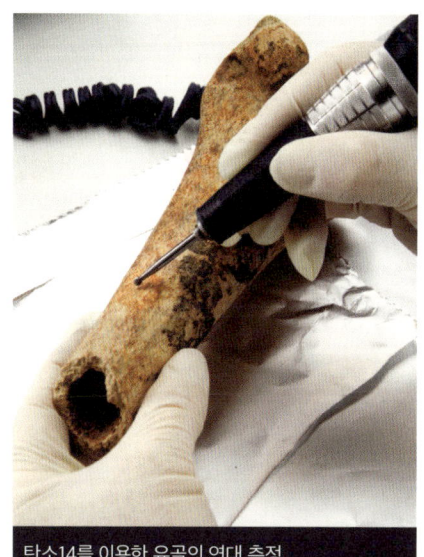

탄소14를 이용한 유골의 연대 측정

4500만 년 된 조개껍데기

이러한 연대 측정법과 고생물학은
우리에게 놀라운 사실을 알려주곤 해요.
예를 들면 3만 년 전에 일본 오키나와의 어부들은
이미 낚싯바늘을 사용했고,
4만 년 전 독일의 현생 인류는
현악기를 연주했다는 사실이에요.
게다가 스페인에서 발견된
모닥불의 흔적은 80만 년 전에 피워진 것이고,
프랑스 샹파뉴의 28미터 지하에서 발견된
조개껍데기는 무려 4500만 년이나 된 것이에요!

공룡은 왜 멸종했을까?

용의 뼈

중국에서 최초로 공룡의 화석이 발견되었어요. 하지만 당시에 사람들은 그것을 **용의 뼈**라고 생각했고, 화석을 가루로 만들어 약을 만들기도 했습니다. 유대교와 기독교 문화에서는 공룡을 '노아의 대홍수' 이전의 생물로 보기도 했지요.

공룡 화석

최초의 공룡

공룡 화석을 처음 알아본 것은 영국의 의사이자 고생물학자인 기디언 맨텔이에요. 1822년에 그는 아내가 발견한 커다란 이빨 화석이 특별하다고 생각했고, 박물학자 조르주 퀴비에에게 편지를 보냈어요. 퀴비에는 그저 평범한 코뿔소의 이빨이라고 대답했지요. 하지만 맨텔은 이 화석이 멸종된 동물일 거라고 확신했어요. 그래서 이구아나의 이빨과 비슷한 이 이빨의 주인에게 '이구아노돈'이라는 이름을 붙였답니다. 맨텔은 이구아노돈의 몸길이가 약 20미터는 될 거라고 예상했지만, 현대에 와서 밝혀진 실제 이구아노돈의 크기는 5미터 정도래요.

나도 기억해 주세요!

영국 고생물학자 메리 애닝 역시 공룡 연구에서 중요한 역할을 한 인물이에요. 가난한 집에서 태어나 혼자서 고생물학을 연구한 애닝은, 바다에 살았던 파충류(어룡, 수장룡)와 날개가 달린 파충류(익룡)의 존재를 밝혀냈답니다.

'공룡'이라는 단어를 만든 리처드 오언

무서운 도마뱀!

공룡을 뜻하는 '다이너소어(dinosaur)'는 그리스어로 '무서운'을 뜻하는 'deinos'와 '도마뱀'을 뜻하는 'sauria'가 더해진 단어예요. 1841년에 영국의 고생물학자 리처드 오언이 선사시대의 거대 파충류 전체를 지칭하기 위해 만든 이름이지요. 그런데 사실 오언은 맨텔과 완강하게 다툼을 벌이기도 했는데, 오언이 이구아노돈의 이빨을 파충류가 아닌 포유류의 것이라고 주장했기 때문이랍니다.

어룡 화석

뿌리를 찾아서

공룡은 왜 멸종 했을까?

공룡의 멸종에 대한 비밀은 아주 오랜 시간 동안 풀리지 않았어요. 그렇게 거대한 동물들이 한순간에 지구에서 사라져 버렸으니 말이에요. 도대체 공룡들에게 무슨 일이 있었던 것일까요? 과학자들은 공룡의 멸종에 관해 크게 두 가지 의견을 제시하고 있어요.

1. 화산 활동설: 화산이 커다란 폭발을 일으키면서 극심한 화산재가 발생했고, 이 재들이 햇빛을 가리는 바람에 지구의 온도가 크게 떨어졌다는 가설이에요. 날이 추워지자 식물이 시들어 없어졌고, 따라서 초식 공룡과 이를 사냥하던 육식 공룡도 연이어 사라진 것이지요.

2. 운석 충돌설: 거대한 운석이 지구에 떨어지면서 급격한 기후 변화를 일으켰다는 가설이에요. 이 가설은 멕시코 유카탄 반도에 있는 지름 180킬로미터 크기의 칙술루브 충돌구에 근거한 것이에요. 거대한 운석이 지구에 떨어진 자국인데, 이 충돌구가 생긴 시기는 백악기-제3기 대멸종 시기와 일치한답니다.

이족 보행을 하는 육식 공룡, 티라노사우루스

잃어버린 세계

공룡의 시대는 약 1억 5000만 년 동안 지속되었어요. 제일 오래된 흔적은 2억 3000만 년 전인 후기 트라이아스기, 가장 최근의 흔적은 6600만 년 전인 백악기 말이랍니다. 지금까지 발견된 공룡은 약 700 종류로, 모두 같은 시기에 살았던 건 아니에요. 하지만 모든 공룡은 **조룡**('조상 도마뱀'이라는 뜻)의 후손이지요.

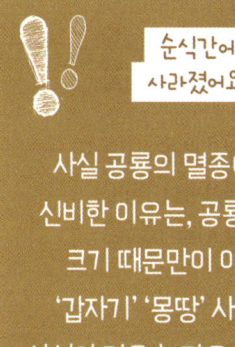

순식간에 사라졌어요!

사실 공룡의 멸종이 놀랍고 신비한 이유는, 공룡의 엄청난 크기 때문만이 아니에요. '갑자기' '몽땅' 사라졌다는 사실이 더욱 놀라운 일이거든요. 공룡의 멸종은 백악기와 제3기의 경계인 약 6600만 년 전에 일어났답니다.

쥐라기에 살았던 초식 공룡, 디플로도쿠스

두 가지 가설을 합치면?

최근 과학자들은 '화산 활동설'과 '운석 충돌설' **두 가지 가설**을 모두 인정하는 분위기예요. 2015년에 지질학자들이 인도 데칸 고원의 오래된 용암 대지를 분석한 결과, 유카탄 반도에 운석이 떨어지고 5만 년 뒤에 활발한 화산 활동이 일어났다는 증거가 발견되었거든요. 운석이 충돌한 뒤에 우연히 화산까지 활동하면서 공룡을 멸종으로 몰아넣은 것입니다. 혹은, 운석이 충돌한 영향으로 화산이 깨어나 더욱 활발한 활동을 했을지도 모르죠.

멸종은 아직 끝나지 않았다!

다섯 번의 위기

생물계는 지금까지 모두 **다섯 번의 대멸종**을 겪었어요. 첫 번째 대멸종은 4억 4500만 년 전에 일어났고, 마지막 대멸종은 공룡을 사라지게 만들었죠. 최근에는 2억 6200만 년 전에도 대멸종이 있었다는 주장이 나오면서 논란의 대상이 되고 있어요.

생물의 떼죽음

최악의 대멸종은 2억 5200만 년~2억 4500만 년 전에 일어난 페름기-트라이아스기 대멸종으로, 이때 바다 생물의 95퍼센트와 육지 생물의 70퍼센트가 멸종되었어요. 지구상에서 생명체가 거의 다 사라질 뻔했던 거예요!

1598년에 발견되었으나 곧 멸종한 도도새 암컷

최악은 아니야

백악기-제3기 대멸종은 공룡의 멸종을 불러왔다는 점에서 아주 유명해요. 하지만 이를 최악의 사건으로 여기지는 않아요. 당시 살던 생물 중에 영향을 받은 것은 '고작' 60~75퍼센트뿐이었거든요. 게다가 거대 파충류였던 공룡이 사라진 덕분에 포유류와 조류가 마음 놓고 번성하게 되었으니 이들에겐 좋은 일이었겠죠?

최초의 희생물 도도새

날지 못하는 대형 조류 도도새는 모리셔스 섬에 서식한 종으로, 인류에 의해 멸종된 최초의 사례로 알려져 있어요. 모리셔스 섬에 식민지 개척자들이 들어오면서 도도새를 사냥했고, 도도새가 사는 산림을 파괴했거든요. 그뿐만 아니라 사람들이 섬으로 들여온 돼지와 원숭이가 도도새의 알들을 훔쳐 먹기까지 했어요. 이러한 이유로 도도새는 결국 17세기 말에 멸종되었고, 이후 도도새는 인류가 생물계에 초래한 재앙의 상징이 되었습니다.

팜유를 얻으려는 인간의 욕심 때문에 파괴된 보르네오 숲

뿌리를 찾아서

인간이 나무를 베어 버려서 멸종 위기에 처한 보르네오 정글의 오랑우탄

위기의 동물들!

인간과 관계된 수많은 **멸종 원인** 가운데 가장 분명한 것은, 지나친 사냥과 포획이에요. 예를 들어 상아 때문에 사냥되고 있는 아프리카코끼리는 멸종 위험이 매우 높은 종으로 꼽히지요. 또한 인간의 활동 때문에 피해를 입는 종도 있는데, 보르네오 정글에서 인간이 너무 많은 나무를 베어 내는 바람에 그곳에 사는 오랑우탄은 갈수록 살기 힘들어지고 있어요.

점점 빨라지는 멸종 속도

최근 400년 동안 인간 때문에 멸종한 척추동물은 150종이 넘어요. 평균 2.7년에 한 종씩 사라졌다는 말인데, 이 같은 멸종 속도는 지구 역사상 나타난 몇 차례의 대멸종 때보다 이미 1000배~1만 배 빠른 것이에요. 게다가 척추동물의 개체 수가 지난 40년간 절반 이상 감소했다는 연구도 나와 있어요.

최근에 사라진 동물들

현세에도 **멸종은 진행**되었어요. 현세의 멸종은 중석기시대 인류가 지구 전체로 퍼져나가면서부터 시작되었어요. 마스토돈, 매머드, 검치호, 동굴곰이 그 시기에 사라졌어요. 물론 인간의 잘못만으로 이 동물들이 멸종된 건 아니겠지만요. 하지만 몸길이가 6~8미터나 되는 거대 도마뱀 메갈라니아 같은 오스트레일리아의 일부 대형 파충류는 선사시대 인류에 의해 멸종된 것이 확실해 보여요.

인간이 생물을 지켜야 해요!

현재 진행 중인 대멸종 현상을 어떻게 하면 막을 수 있을까요? 인간의 활동이 생물에게 얼마나 큰 위험을 끼치고 있는지 **제대로 알고** 있어야 해요. 호랑이나 고래 같은 상징적인 동물을 보호하는 것은 물론이고, 열대 우림을 비롯해 생물이 다양하게 살고 있는 육지와 바다 환경도 보존해야 합니다. (우리가 호흡하는 산소의 절반을 제공하는 식물성 플랑크톤도 1950년 이후로 40퍼센트나 감소했대요.) 최악의 상황은 이미 예고되었습니다. 지금 우리가 결단하지 않으면 지금부터 2025년까지 생물종의 25퍼센트가 사라질지도 몰라요!

점점 밝혀지는 **인류**의 비밀

조금씩 밝혀지는 인류의 역사

인류의 역사는 여전히 많은 부분이 비밀에 싸여 있습니다. 하지만 과학 기술 역시 빠르게 발달하고 있답니다. 고생물들의 흔적을 발견하고, 동물 형태학 및 분자 생물학에 근거한 연구가 지속되고 있어요. 덕분에 이제는 인류의 진화에 대한 조금 더 자세한 가설을 세울 수 있게 되었지요.

3억 년 전 석탄기의 숲

더 오래된 인류의 발견

루시는 오랫동안 '가장 오래된 인류'라고 알려져 있었어요. 하지만 **더 오래된 유골**이 등장했답니다. 1994년에 케냐 카나포이에서 발견된 410만 년 된 화석 인류, '오스트랄로피테쿠스 아나멘시스'가 그 주인공이에요. 영국의 고생물학자 루이스·메리 리키 부부의 아들 리처드 리키와 그 아내 메이브 리키가 발견했지요.

이스트 사이드 스토리

고인류학자 이브 코팡이 제시한 인류 기원에 관한 가설은 '이스트 사이드 스토리 (East Side Story)'라고 불립니다. 호미니제이션의 대이동이 **동아프리카 지구대 동쪽**에서 시작되었다고 주장하고 있기 때문인데요. 지각 변동으로 인해 동아프리카에 깊은 골짜기가 형성되어 땅이 갈라졌고, 이로 인해 한곳에 거주하던 인류가 서로 흩어져 살게 되었다는 것입니다. 또한 원래 나무 위에서 생활하던 인류가 땅으로 내려와 살게 된 이유 역시 열대 우림에서 사바나로의 기후 변화 때문이라고 설명했지요. 이처럼 코팡의 가설은 다윈의 진화 도식과도 일치했기 때문에 오랫동안 지지를 받았어요. 그러나 최근에는 새로운 발견들로 인해 재검토의 대상이 되었답니다.

우리는 사실 네안데르탈인?

2014년의 연구에 의하면, 네안데르탈인의 유전자 중 20퍼센트가 오늘날 유럽 및 아시아 사람들의 몸에 남아 있대요! 누군가는 1퍼센트, 누군가는 4퍼센트 정도의 네안데르탈인 유전자를 가지고 있는 것이지요. 이는 호모 사피엔스와 네안데르탈인 사이의 짝짓기에서 비롯된 유전적 자산으로, 아프리카에서 시작된 인류가 추운 유라시아 환경에서도 살 수 있는 피부를 갖게 된 것은 바로 이 덕분이랍니다.

뿌리를 찾아서

시작 지점을 찾아라!

21세기에 들어선 학자들은 호미니제이션이 일어난 시점을 찾고 있어요. 인류가 인간의 형태와 가까워지기 시작한 지점 말이에요. 2000년에 프랑스의 고생물학자 브리지트 세뉘와 영국의 지질학자 마틴 픽퍼드는 '오로린 투게넨시스'의 치아와 대퇴골, 손가락뼈를 발견했어요. '밀레니엄 맨'이라는 별명의 이 인류는 약 600만 년 전에 살았고 때때로 직립 보행도 했지요. 2001년에 프랑스의 과학자 미셸 브뤼네의 연구진도 차드에서 700만 년 된 '사헬란트로푸스 차덴시스'의 화석을 발견했는데, 확실히 인류에 속하는지는 더 연구해 봐야 해요.

기원전 4000년의 것으로 추정되는 암벽화

네안데르탈인의 언어

네안데르탈인은 고유한 언어를 가지고 있지 않았을 것으로 추정되고 있어요. 뇌에서 언어 능력을 담당하는 브로카 영역이 충분히 발달하지 않았기 때문이랍니다.

나도 한 종류로 인정해 주세요!

네안데르탈인은 오랫동안 호모 사피엔스보다 한 단계 아래 종인 '호모 사피엔스 네안데르탈렌시스'로 여겨졌어요. 그러나 유전적 연구를 거듭한 결과 분류법이 수정되었고, 마침내 30만 년 전에 멸종한 '호모 네안데르탈렌시스'라는 별도의 종으로 인정받게 되었답니다. (호모 사피엔스에는 현생 인류만 포함돼요.)

인류인가, 원숭이인가?

1992년에서 1994년 사이, 미국의 고인류학자 화이트의 연구진은 에티오피아 아라미스에서 오스트랄로피테쿠스보다 더 오래된, 무려 440만 년 전의 유골을 발견했어요. 이 유골은 처음에는 오스트랄로피테쿠스로 분류되었다가, 1995년에 '아르디피테쿠스 라미두스'라는 새로운 인류로 지정되었어요. 화이트의 연구진은 해당 지역에 대한 발굴을 계속했고, 유골 100여 점을 추가로 모으게 되었어요. (100여 점의 화석은 한 명의 것이 아니라 36명의 것으로 보여요.) 이후 17년 동안 과학자들은 연구를 거듭했고, 마침내 2009년 이 유골들을 통해 복원한 아르디피테쿠스 라미두스의 모습을 세상에 공개했어요. '아르디'라는 별명을 지닌 이 개체는 호미니드도 아니고 원숭이도 아니에요. 호미니드 이전 단계의 모습을 한 아르디는 나무 위에서 살았던 것으로 보이며, 두 발로 서기 시작했지만 먼 거리를 걸어서 가지는 못했을 것으로 추측하고 있어요.

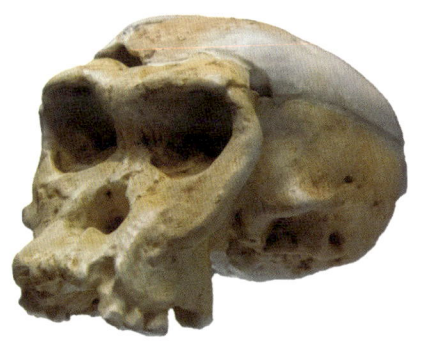

네안데르탈인의 것으로 확인된 두개골

찰스 다윈과 진화론

51세의 찰스 다윈

명문가의 후손

'진화론의 아버지'인 찰스 다윈의 할아버지 **이래즈머스 다윈**은 영국의 유명한 철학자이자 시인, 의사, 박물학자예요. 이래즈머스 다윈은 자신이 쓴 책 《주노미아》에서 종이 점차적으로 변화한다는 진화설에 긍정적인 태도를 취했답니다.

탐험가 다윈

1831년, 22세의 찰스 다윈은 박물학자의 자격으로 비글호의 세계 탐사 여행에 참여했어요. 항해가 지속된 5년간 다윈은 수많은 생물을 관찰하면서 표본을 수집했고, 그중 일부가 진화론의 씨앗이 되었지요.

타고난 적성

청소년 시절 **찰스 다윈**은 공부에는 큰 재능이 없었대요. 박물학과 책 읽기는 좋아했어도 성적은 그저 그런 산만한 아이였지요. 의사였던 아버지는 다윈이 자신의 뒤를 이어 의사가 되기를 원했으나, 너무 예민한 성격의 다윈은 피를 보는 일과 수술의 폭력성을 감당하지 못했어요. 그래서 의학 공부는 소홀히 한 채 박물학에만 관심을 쏟았지요. 그러다가 아버지의 제안으로 신학 공부를 시작했지만, 자연과 박물학에 대한 열정은 멈추지 않았대요.

갈라파고스가 알려준 사실

다윈은 에콰도르 **갈라파고스** 제도에 서식하는 동물들, 특히 새를 연구하면서 인상적인 점을 발견했어요. 같은 종류인데도 새들이 섬에 따라 조금씩 다르게 생긴 거예요. 특히 새의 부리 모양이 서로 달랐는데, 각자 자기가 사는 섬에서 구할 수 있는 먹이를 먹을 수 있도록 진화한 것 같았어요. 새들은 생김새가 서로 비슷하면서도 달라서 마치 친척처럼 보였답니다.

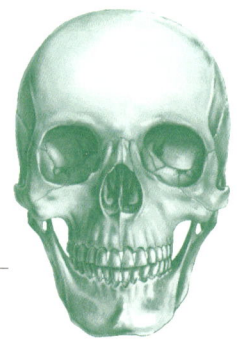

인간과 유인원의 관계

다윈은 1871년에 출간한 책 《인간의 유래와 성 선택》에서 동물계에서 인간이 어느 위치에 있는지 자신의 생각을 밝혔어요. 인간은 유인원의 '후손'이 아니라 조상을 둔 관계, 말하자면 '사촌'이라는 것이 그의 설명이었답니다.

뿌리를 찾아서

성급한 발표

다윈은 1844년에 진화론의 초판에 해당하는 논문을 쓰기 시작했고, 믿을 만한 몇 사람에게밖에 그 내용을 공개하지 않았어요. 그런데 1858년, 젊은 동료 앨프리드 러셀 월리스의 논문을 읽게 된 다윈은 마음이 급해졌어요. 월리스가 제시한 견해가 자신의 생각과 위험할 만큼 비슷했기 때문이지요. 다윈은 진화론을 가장 먼저 발표해야만 한다는 생각에 걱정이 앞섰어요. 그래서 이듬해인 1859년에 《종의 기원》을 출간해 진화론을 공개했답니다. 지금까지도 유명한 다윈의 대표작 《종의 기원》은 사실 떠밀리다시피 급하게 출간된 책이었던 거예요!

다윈이 비글호 탐사 여행 당시 그린 새

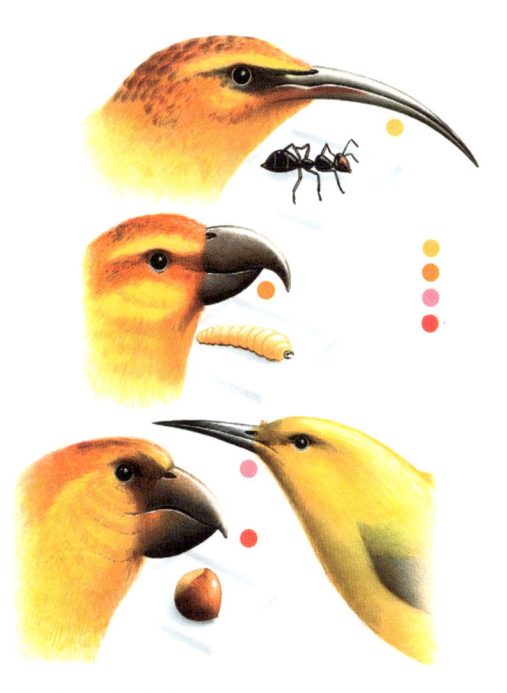

갈라파고스 제도의 새들

충격적인 진화론 논란

다윈은 《종의 기원》을 출간하면서 큰 유명세를 얻었지만, 그만큼 적도 많이 생겼어요. 동물이 진화를 하고, 인간 역시 진화의 결과물이라면, 결국 인간의 조상은 동물이라는 뜻이니까요. 지금과 달리 당시에 인간은 신의 창조물이라는 믿음이 지배적이었거든요. 다윈의 진화론은 곧 '인간은 원숭이의 후손'이라는 뜻으로 받아들여졌고, 이는 엄청난 충격과 혼란을 불러일으켰습니다. 종교적 교리는 물론 대부분의 사람이 인간에 대해 가지고 있던 생각과도 대립했기 때문입니다.

진화론의 아이디어

영국의 경제학자 토머스 로버트 맬서스는 자신이 쓴 《인구론》에서 이렇게 주장했어요. "인구의 증가는 그 인구가 필요로 하는 식량 자원의 증가보다 빨리 이루어진다." 결국 늘 식량이 부족한 인간들은 빈곤을 겪어야 하고 끊임없이 경쟁하며 누군가는 살아남고, 누군가는 소멸하겠지요. 다윈은 이 이론에서 진화론의 아이디어를 얻었어요. 특정 환경에서 살아남을 수 있도록 '준비'되어 있는 종은 오랫동안 생존하게 되고, 또한 후손들에게 생존에 유리한 유전자를 물려줌으로써 점차 진화한다는 것이지요.

진화 : 끝없는 논쟁

다윈의 불도그

진화론을 둘러싼 찬반 대립은 1859년 《종의 기원》이 출간되었을 때부터 시작되었습니다. 다윈을 열렬히 지지한 사람 중에는 유명 인물도 많았는데, 영국의 동물학자 토머스 헨리 헉슬리도 그중 한 명이에요. 특히 헉슬리는 논쟁이 벌어질 때마다 다윈을 대신해 열정적으로 진화론을 변호했어요. 사람들은 마치 반려동물 같다며 그를 '다윈의 불도그'라고 놀렸지요. 1860년에 영국 과학 진흥 협회가 주최한 회의 때에는 이런 일도 있었어요. 진화론을 완강히 반대하던 주교 사무엘 윌버포스가 비아냥거리며 헉슬리에게 질문했어요. "만약 진화론이 옳다면, 당신의 할아버지와 할머니 중 어느 쪽이 원숭이입니까?" 그러자 헉슬리는 이렇게 받아쳤대요. "자신의 지식과 영향력을 이용해 편견과 거짓을 주장하는 사람이 되느니, 차라리 원숭이의 자손이 되겠습니다!"

유전의 구조

막상 진화론을 내놓긴 했지만, 다윈을 비롯한 당시의 학자들은 '유전'의 구조에 대해서는 전혀 모르고 있었어요. 그래서 진화에 대한 과학적인 이론은 1930년대에 유전학에 근거해서 점점 완성되어 갔지요. 분자 생물학 및 집단 유전학의 발전 덕분에, 종이 진화하며 후손에게 유전자를 물려주는 혈연관계를 과학적으로 밝힐 수 있게 되었어요.

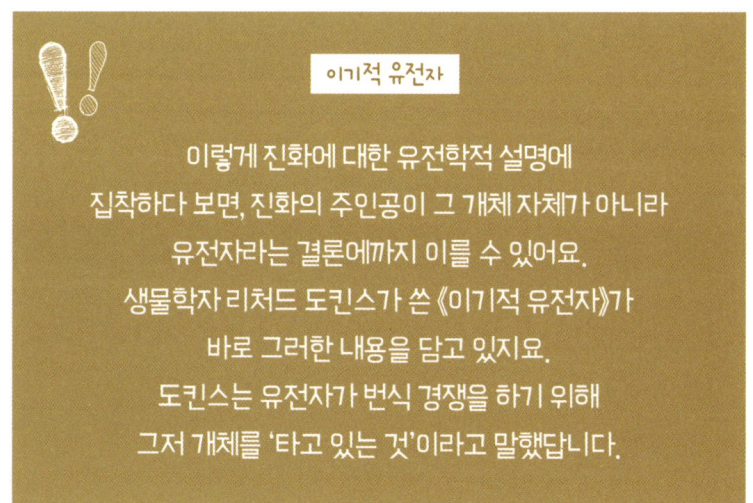

다윈의 진화론을 지지한 영국 동물학자 토머스 헨리 헉슬리

이기적 유전자

이렇게 진화에 대한 유전학적 설명에 집착하다 보면, 진화의 주인공이 그 개체 자체가 아니라 유전자라는 결론에까지 이를 수 있어요. 생물학자 리처드 도킨스가 쓴 《이기적 유전자》가 바로 그러한 내용을 담고 있지요. 도킨스는 유전자가 번식 경쟁을 하기 위해 그저 개체를 '타고 있는 것'이라고 말했답니다.

뿌리를 찾아서

스펜서의 진화론

다윈의 진화론과 몹시 비슷해서 헷갈리는 이론이 하나 있어요. 영국 출신의 학자 **허버트 스펜서**의 진화론입니다. 두 이론은 많은 점에서 비슷하긴 하나 몇 가지 중요한 문제에서는 차이를 보여요. 스펜서는 경제학자이자 철학자이자 사회학자로, 다윈보다 더 먼저 진화에 관한 이론을 주장했어요. 다만 스펜서는 진화를 사회적인 현상으로 해석했고, 다윈은 생물학적 관점에서 보는 편이었어요.

진화와 협동

사람들은 다윈의 진화론을 받아들일 때 '경쟁으로 인한 생존'이 가장 중요하다고 여기곤 해요. 하지만 다윈은 인류의 생존은 협동 덕분이라고 밝혔어요. 진화론 지지자들 사이에서도 의견이 나뉘었어요. 어떤 이들은 종의 발전을 위해 우월한 유전자만이 생존한다고 주장했고, 반대로 어떤 사람들은 러시아 귀족 출신의 아나키스트 운동가 표트르 크로포트킨이 《만물은 서로 돕는다》에 쓴 것처럼 협동을 인류의 가장 귀중한 진화적 강점 중 하나라고 보기도 했어요.

사회적 진화론

사회적 진화론은 인간 사회를 진화론의 생존 경쟁 원리에 입각해 설명하는 이론이에요. 이를 다윈의 주장이라고 생각하는 사람들이 많은데, 사실 사회적 진화론은 허버트 스펜서가 처음 제시한 개념이랍니다. '적자생존'이라는 표현도 다윈보다 스펜서가 먼저 사용했는데, 다윈은 '환경에 잘 적응한 생물이 살아남는다'라는 뜻으로 사용했으나, 스펜서는 '살아남은 것이 가장 강한 것이다'라는 뜻으로 사용했어요.

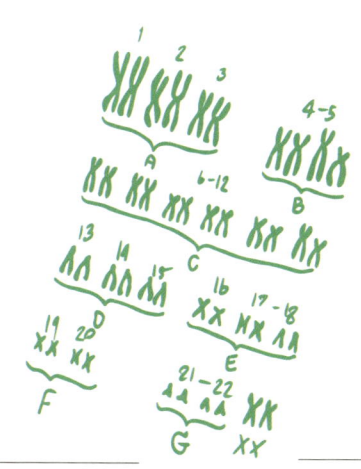

랜덤으로 진화한다고?

진화를 일으키는 요소는 자연 선택뿐만이 아닙니다. 예를 들어 다윈은 성 선택(번식 활동에서 상대를 선택하는 것)의 중요성을 강조하기도 했어요. 그리고 최근 연구에 따르면 그저 특정 유전자가 자연스럽게 소멸되는 현상도 진화에 영향을 미친다고 합니다. 일본의 생물학자 기무라 모토는 그 같은 발견에 근거해서 1968년부터 중립적인 진화론을 내놓았는데, 이에 따르면 진화는 잘 적응한 유전자의 선택에 의해서도 이루어지지만 '무작위로' 이루어지기도 한다는군요.

다윈의 진화론을 나타낸 그림 (19세기)

자연 발생의 미스터리

생쥐는 어떻게 생겨날까?

아리스토텔레스를 비롯한 고대 사람들은 생물이 자연적으로 생겨날 수 있다는 '자연 발생설'을 믿었어요. 예를 들면 썩은 나무에 벌레가 저절로 생겨난다는 식이었죠. 물론 아주 작고 단순한 생명체의 경우라면 그렇게 생각할 수도 있지만, 어떤 사람들은 말도 안 되는 상상을 더하기도 했답니다. 16세기 벨기에의 생리학자이자 연금술사인 반 헬몬트는 곡식을 땀에 젖은 더러운 옷으로 덮어 '활성화'시키면 그곳에서 생쥐가 저절로 생겨난다고 주장했대요!

실험실의 루이 파스퇴르

구더기가 생기는 이유

이탈리아의 의사 **프란체스코 레디**는 1668년에 처음으로 실험을 통해 자연 발생설을 부정했어요. 파리가 알을 까지 못하도록 천으로 덮어 둔 고기에서는 구더기가 생기지 않는다는 것을 보여준 실험이었죠. 파리의 애벌레인 구더기는 썩은 고기에서 저절로 생겨나는 게 아니라, 파리가 고기에 낳은 알 때문에 생겼음을 증명한 거예요.

최후의 일격

1858년, 펠릭스 푸셰는 '유기 발생설'이라는 새로운 형태의 자연 발생설을 제시했어요. 푸셰는 건초더미에서 추출한 액체를 끓인 뒤 밀폐된 병에 보관했는데, 그 병 안에 곰팡이가 피었어요. 이러한 실험을 근거로 푸셰는 어떠한 물질이 부패되는 과정에서 곰팡이와 같은 원시적인 생명체가 저절로 생겨날 수 있다고 주장했지요. 그러나 미생물학자 루이 파스퇴르가 푸셰의 주장을 반박하면서 자연 발생설은 1864년을 기점으로 역사 속으로 사라지게 되었답니다.

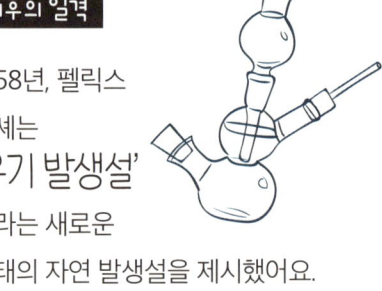

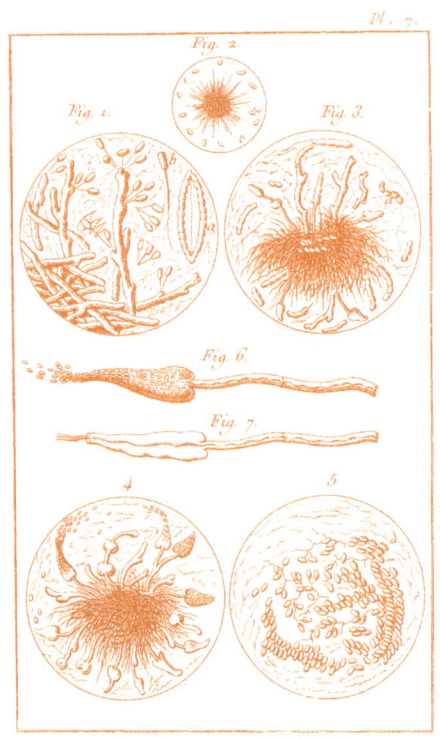

썩은 밀알을 달인 물에 생긴 미생물을 묘사한 니덤의 그림

'뱀장어 장수' 니덤

현미경의 발명은 자연 발생설에 대한 믿음을 키우는 데 큰 도움을 주었어요. 18세기에 영국의 성직자 존 니덤은 썩은 밀알을 달인 물을 현미경으로 관찰하던 중에 작은 뱀장어처럼 보이는 생물을 발견했어요. 니덤은 이것이 자연적으로 발생한 미생물이라고 주장했고, 이로 인해 '뱀장어 장수'라는 별명으로 놀림을 받기도 했어요. 그러나 박물학자 뷔퐁 같은 자연 발생설 지지자들은 니덤의 주장을 옳다고 믿었죠. 하지만 이탈리아의 박물학자 라차로 스팔란차니는 니덤의 실험을 똑같이 재현하되, 용액과 용기를 충분히 끓여 세균들을 몽땅 없애고 시작했어요. 그랬더니 미생물은 생겨나지 않았답니다.

뿌리를 찾아서

시험관 속 지구

1953년, 미국의 생화학자 스탠리 밀러와 그 연구진은 지구에 생명체가 출현한 과정을 실험실에서 재현하기도 했어요. 커다란 플라스크 안에 초창기 지구에 존재했던 물, 수소, 메탄, 암모니아 등의 분자들을 채워 당시 바다와 대기의 환경과 유사하게 만든 뒤 번개를 흉내 낸 전기 방전을 일으킨 거예요. 그러자 단백질을 구성하는 아미노산이 나타났답니다!

최근의 발견

2015년에 한 과학자는 41억 년 된 지르콘(다이아몬드와 비슷한 광물)에서 생명체에 의해 만들어진 생물 기원 탄소를 발견했어요. 이는 최초의 생명체가 나타난 시점을 그동안 알려진 것보다 3억 년이나 앞당기는 증거에 해당하는 것이랍니다.

원시 수프에서 만들어진 생명체

원시 수프 가설을 알고 있나요? 지구상의 생명체가 다양한 물질이 섞인 수프 같은 액체에서 생겨났다는 주장이에요. 1924년에 러시아의 알렉산드르 오파린과 1929년에 영국의 존 홀데인이 제시한 가설이지요. 시생대(38억 년~25억 년 전) 당시 지구는 최초의 생명 세포가 만들어지기 유리한 다양한 조건을 지니고 있었고, 밀러의 실험처럼 마침내 유기 분자가 생겨났다는 거예요.

루카를 찾아서

진화론이 발전하면서 생물의 족보라 할 수 있는 '계통수'가 정리되었어요. 계통수는 생물의 종류를 나무의 줄기와 가지 모양으로 정리해 둔 그림이에요. 계통수를 따라 거슬러 가다 보면 모든 생명체의 공통된 조상을 만나게 되는데, 이 최고 조상을 **'루카'**라고 불러요. '최종적 공통 조상(Last Universal Common Ancestor)'이라는 뜻이랍니다. 하지만 루카에 대해 연구하는 일은 무척 어려운 작업이에요. 루카는 과학적으로 증명 가능한 실재라기보다는 그저 이론적 개념에 가깝거든요.

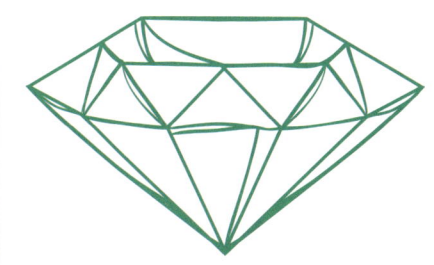

외계에서 온 생명체

생명의 기원이 외계에 있다고 하는 가설도 존재한답니다. 화성이나 혜성으로부터 생명의 씨앗이 지구로 날아왔다는 이론이죠.

창조론과 성경 이야기

다윈과 성경

창조론은 성경을 기반으로 하고 있어요. 19세기에 처음 등장한 이론으로, 특히 진화론과 반대의 의견을 제시하지요.

미켈란젤로의 시스티나 성당 천장화 〈천지창조〉의 일부

젊은 지구와 늙은 지구

창조론 내에서도 성경의 내용을 어떤 식으로 해석하는지는 조금씩 차이가 있어요. 예를 들면 가장 급진적인 창조론에 해당하는 이른바 '젊은 지구론'에서는 성경을 글자 그대로 해석해서 세상이 6일 동안 모두 창조되었다고 주장해요. 만약 이 이론이 사실이라면 지구의 나이는 많아 봤자 6000년 정도밖에 되지 않겠지요. 이에 비해 '늙은 지구론'은 조금 더 유연한 해석을 제시하고 있어요. 창세기의 하루하루를 지질학적 시대와 같다고 여겨서, 현재 지구의 나이가 46억 년이라는 견해를 받아들이는 것이지요.

지적 존재의 작업

창조론보다 덜 급진적이고, 더 치밀한 관점의 해석도 있어요. 생명체가 조금씩 진화하는 것이 '지적 설계'에 의한 것이라고 설명하지요. 생물이 환경에 적응해서 스스로 진화하는 것이 아니라, 세상을 창조한 신의 특정한 계획을 향해 진화한다는 주장이에요.

1801년의 장 바티스트 라마르크

인간의 탄생은 우연일까?

19세기 진화론자들은 우연성에 대해서는 서로 다른 의견을 가지고 있었어요. 예를 들어 프랑스의 생물학자 장 바티스트 라마르크는 생물이란 언제나 더 복잡하고 완벽해지는 방향으로 진화하며, 이러한 과정의 최종점이 '인간'이라고 말했어요. 하지만 다윈은 인류의 출현이 우연히 생긴 일이라고 생각했답니다.

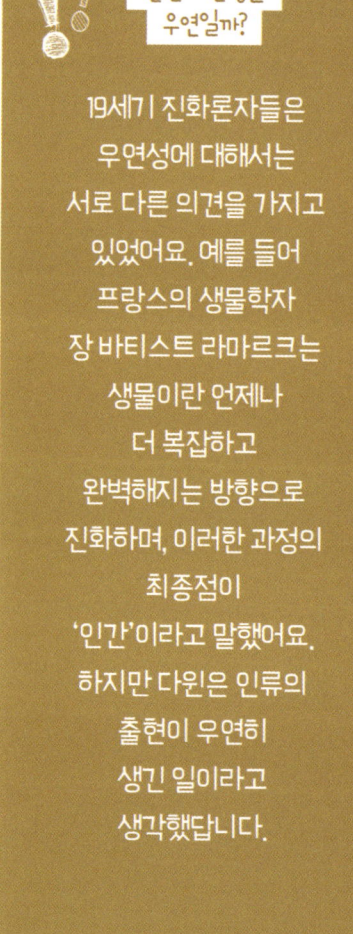

뿌리를 찾아서

신앙과 과학

신앙심과 진화론이
꼭 반대의 입장인 것만은 아니에요.
예를 들어 예수회 사제로서 철학과 신학,
고생물학, 생물학을 두루 연구한
테야르 드 샤르댕은 진화를
더 높은 영적 세계로 나아가는 변화라고 보았어요.
이 해석은 과학적으로뿐만 아니라 철학적으로도
논란의 여지가 있고, 지적 설계론과도
비슷한 부분이 있어요. 하지만 성경의 권위와
과학적 연구 두 가지를
모두 인정하고 있는 주장이랍니다.

돈을 아끼지 않는 홍보 활동

일부 **창조론자들**은 자신들이 옳다고 믿는 사상을 널리 알리고, 자신과 반대되는 진화론의 권위를 떨어뜨리기 위해 큰돈도 아끼지 않았어요. 예를 들어 터키의 사이비 교주 아드난 옥타르가 2006년에 터키에서 '하룬 야히야'라는 가명으로 출간한 《창조의 아틀라스》는 전 세계 교육 시설에 무료로 배포되었어요. 멸종된 생물의 존재와 생물의 진화를 보여 주는 화석들이 사실은 속임수라는 주장을 많은 사진과 함께 수록한 책이에요. 책에서 옥타르는 지구가 46억 년 되었다는 점은 인정하면서도, 진화론은 틀렸다고 단호하게 말하고 있어요.

과학에서 신을 찾다!?

과학의 용어 중에서는 **신의 존재를** 암시하는 것처럼 보이지만, 사실 신과 전혀 관계가 없는 표현이 있어요. 물리학의 기본 입자 중 하나인 '힉스 보손'은 '신의 입자(God Particle)'라는 별명을 가지고 있는데, 이 별명은 1993년 출간된 물리학 박사 리언 레더먼의 책 제목 《신의 입자》에서 따온 것이랍니다. 그런데 사실 레더먼은 이 책의 제목을 '빌어먹을 입자(Goddamn Particle)'로 할 생각이었어요. 힉스 보손이 '빌어먹을 정도로' 발견하기 어려운 입자였거든요. 하지만 출판사에서 제목을 바꾸길 원했고, 그 바람에 힉스 보손은 '신의 입자'라는 엉뚱한 별명을 얻었지요.

힉스 보손을 일컫는 '신의 입자'는 사실 잘못 붙은 별명이다.

놀라운 생명의 세계

버섯은 식물일까?

버섯은 원래 '식물' 취급을 받곤 했어요. 그런데 과학자들이 연구를 해 보니 버섯은 그렇게 단순한 생물이 아니었어요. 버섯은 곤충의 등껍질과 동일한 단백질을 가지고 있고, 동물처럼 에너지를 글리코겐의 형태로 저장하며, 식물과 같은 방식으로 번식을 한다는군요. 그래서 식물계로 분류되어 있던 버섯은 현재 '균계(菌界)'라는 별도의 집단으로 분류되어 있답니다. 버섯이 식물에서 제외된 사건은 엄청난 혁신이었어요. 물론 버섯 요리만 좋아하는 사람들에겐 대수롭지 않은 일이겠지만······.
어쨌거나 우리는 이제 과학 기술의 힘으로 지구 구석구석뿐만 아니라 지구 바깥 세계까지 연구할 수 있는 시대를 살고 있어요. 생명에 대해서도 더 자세하고 정확한 연구와 발견을 할 수 있게 되었죠. 생물을 바깥에서 관찰하던 단계에서, 그 DNA까지 속속들이 관찰하는 단계로 옮겨 간 거예요.
그러나 우리가 가진 온갖 지식과 도구에도 불구하고 생명의 세계에는 여전히 미스터리가 잔뜩 남아 있답니다. 예를 들어 볼까요? '슬라임'이라는 별명을 지닌 '점균류'는 뇌도 신경계도 없는 단세포 생물이에요. 그런데 수 제곱미터에 걸쳐 자기 영역을 만들고, 전략을 습득하며, 방향도 찾아갈 줄 알아요. 과연 이 점균류를 보고 지능이 있다고 말할 수 있을지, 생물이라고 말할 수 있을지 다양한 의견이 나오고 있어요. 우리가 아무리 많은 지식과 기술을 습득한다 해도 생명의 모든 것을 완전히 알 수는 없는 일이에요!

위대한 동물의 세계

세포처럼 아주 작은 세계와는 달리, 잘 알려진 생물들은 일찍부터 연구의 대상이 되면서 자신의 비밀을 조금씩 드러내 왔어요. 인간은 동물이라는 생물을 연구하기 위해 인간 스스로를 동물계의 범위에 넣기도 했죠. 그런데 동물에 대한 연구는 놀라운 발견을 가져왔어요. 다른 동물들도 인간처럼 이해하고, 느끼고, 헤아리고, 생각한다는 사실이 확인되었기 때문입니다. 게다가 인간이 오랜 시간 철학자들의 도움을 받아 깨우친 부재나 무(無), 죽음의 개념 등을 동물은 본능적으로, 스스로 깨닫고 받아들였어요. 그렇다면 우리 인간은 과연 동물보다 위대하다고 말할 수 있을까요? 많은 생각을 하게 되는 연구들이에요.

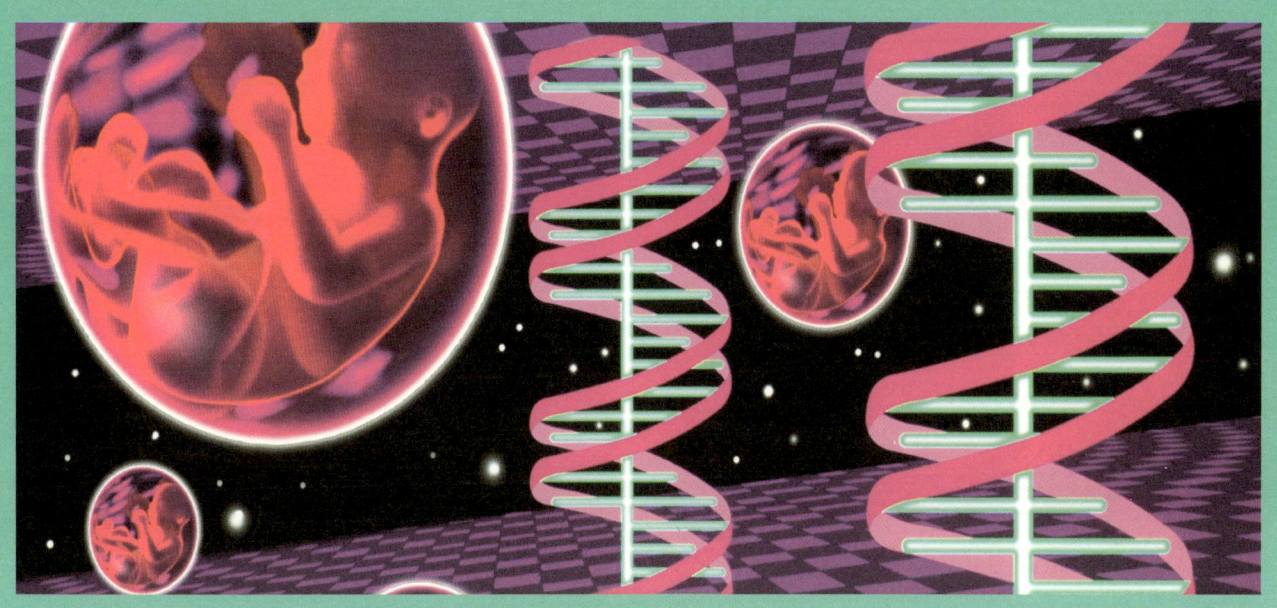

생명의 새로운 변수

오늘날에도 연구는 계속되고 있어요. 심지어 우주에서 가져온 표본을 연구하면서 다양한 관점으로 생명을 이해하려 애쓰고 있지요. 실제로 지금까지는 우리가 잘 알고 있고, 살고 있는, 지구의 생명체를 중점으로만 연구되었으니까요. 그러나 지구 안에서도 심해나 화산 같은 의외의 장소에서 생명체가 발견된 것처럼, 지구 밖에도 다른 형태의 생명이 존재할지도 몰라요. 존재하고는 있으나 우리가 미처 파악할 수 없는 범위에 있기에 발견하지 못했을 수도 있죠. '생명은 이러이러한 것이다'라고 정의해 놓은 기존의 틀에서 벗어나 새로운 관점으로 이해할 필요가 있어요. 그래야 과학이 더욱 발전할 수 있겠지요. 그러한 미래를 기다리며 인간은 계속해서 스스로에 대해, 그리고 또 세포와 DNA에 대해 더 많이 알아내고자 노력하고 있습니다.

특히 '유전학'은 생물의 유전자 코드를 수정할 수 있을 뿐만 아니라 유전자를 합성하는 수준에 이르기 위해 발전을 거듭하고 있어요. 유전학적 실험은 의학적인 면이나 기술적인 면에서 귀중한 결과물을 가져다주기도 하지만, 사람들을 공포와 혼란으로 몰아넣기도 해요. 유전자 변형 생물이나 복제 생물의 존재는, 생명은 존귀하며 인간이 마음대로 다루어서는 안 된다는 생명 윤리에 어긋나기 때문이지요. 윤리를 중시하는 이들은 과학에 반대해 열심히 싸우고 있으며, 과학자와 정부는 물론이고 일반 대중들도 문제에 주목하면서 토론에 뛰어들고 있어요. 이제 생명의 미래는 실험실에 달려 있다고 해도 과언이 아닐 정도예요. 우리는 정말 흥미진진한 시대를 살아가고 있네요!

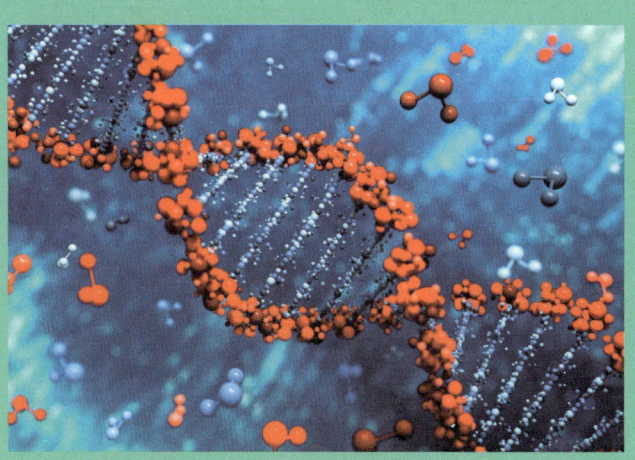

세포 : 생물의 기본 조각

보이지만 무엇인지 알 수 없는

우리 눈에 보이지 않던 **세포**를 발견할 수 있었던 것은 현미경 덕분입니다. 식물 세포에 대한 최초의 관찰 기록은 영국의 화학자 로버트 훅이 1665년에 쓴 《미크로그라피아》에 상세히 실려 있어요. 훅은 참나무에서 나온 코르크를 비롯해 여러 식물의 조각을 얇게 자르고 현미경으로 관찰했는데, 여기에서 '벌집을 닮은 작은 육각형 모양의 방'들을 발견했어요. 사실 육각형 모양의 세포는 여러 세포 형태 중 하나일 뿐이지만요.

식물계와 동물계

식물 세포는 동물 세포보다 먼저 관찰되었는데, 이것은 결코 우연이 아니에요. 동물 세포는 깨지기 쉽고 대개는 알아보기 힘든 형태를 가졌는데, 식물 세포는 셀룰로오스로 된 벽으로 둘러싸여 있어 동물보다 '윤곽'이 잘 드러나기 때문이죠. 그리고 세포가 찢어지거나 훼손되었다 하더라도 셀룰로오스로 된 식물 세포의 '뼈대', 즉 세포벽은 상하지 않아요.

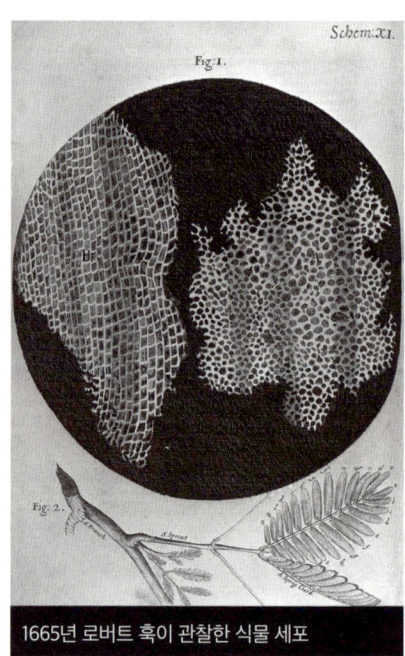

1665년 로버트 훅이 관찰한 식물 세포

1660년대에 로버트 훅이 사용한 현미경

이 작은 녀석을 뭐라고 부를까?

'세포(cell)'라는 용어는 라틴어로 '작은 방'을 뜻하는 'cellua'에서 유래했어요. 로버트 훅이 제안한 것이지요. 지금은 모두가 세포(cell)라고 부르고 있지만, 예전에 다른 현미경 관찰자들은 각자 다양한 용어를 사용하기도 했어요. 예를 들어 1672년에 이탈리아의 생리학자 마르첼로 말피기는 세포가 주머니처럼 생겼다고 해서 '소낭'과 '타원낭'이라는 용어로 불렀답니다.

불멸의 세포?

한 개의 세포는 두 개로 갈라지며 **분열**할 수 있어요. 그러나 분열을 통해 그 유전 물질이 끊임없이 복제되는 것은 아니에요. 세포 분열이 일어나면 염색체 말단이 짧아지거든요. 그런데 배아와 태아 단계에서는 텔로머레이스라는 효소가 그 짧아진 말단을 다시 복구시켜 준대요. 이러한 현상은 줄기세포에서도 나타나지요.

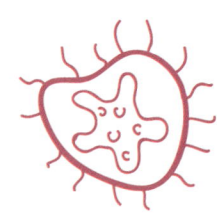

놀라운 생명의 세계

생물계의 통합

현미경은 차츰 더 세밀한 것까지 관찰할 수 있게 되었어요. 그에 힘입어 19세기에 독일의 식물학자 마티아스 슐라이덴과 테어도어 슈반은 체계적인 연구를 지속했고, 식물뿐 아니라 생물은 모두 세포라는 기본 단위로 이루어져 있음을 밝혀냈어요. 슐라이덴이 1839년에 식물계를 대상으로 그 사실을 증명했고, 이듬해에는 슈반이 같은 원칙을 동물계에까지 적용함으로써 마침내 생물계 전체가 세포라는 '기본 단위'에 의해 통합된 거예요. 하지만 세포가 어떻게 증식하는지는 여전히 미스터리로 남아 있었습니다.

세포가 아니라 소구?

동물이 세포로 이루어져 있다는 주장은 19세기 초에 프랑스의 학자 장 루이 프레보와 장 바티스트 뒤마, 앙리 밀네두아르스가 처음 제시했어요. 그런데 여기서 말하는 세포는 지금 우리가 이해하는 세포의 모습과는 거리가 멀었어요. 완전히 둥근 모양에 모두 똑같이 생긴 기본 단위로 묘사되었기 때문이에요. 게다가 동물의 세포는 처음에는 '세포'가 아니라 '소구(globule)'라고 불렸는데, 아마도 최초로 관찰된 동물 세포가 혈구였기 때문에 붙은 명칭이었을 거예요.

세포 분열

세포 이론은 독일의 병리학자 루돌프 피르호가 1858년에 발표한 중요한 원칙과 함께 비로소 완성되었어요. 모든 세포는 다른 세포로부터 생겨난다는 원칙이에요. 세포 분열, 즉 하나의 '모세포'가 갈라져 두 개의 '딸세포'가 만들어지는 과정이 반복되면서 세포가 증식하는 거예요. 모든 세포는 수정란이라는 최초의 세포로부터 만들어지고, 수정란 자체는 두 생식 세포의 만남(수정)으로부터 생겨나지요.

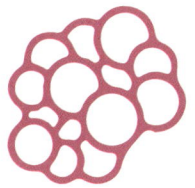
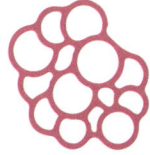
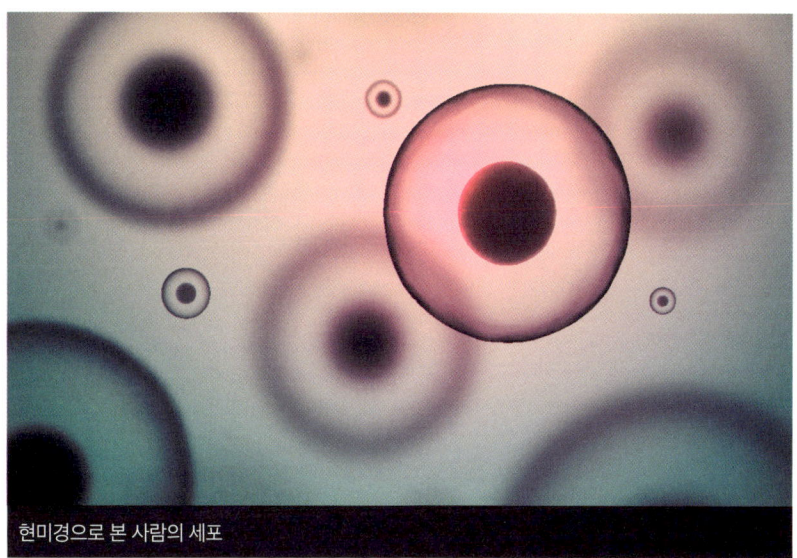

현미경으로 본 사람의 세포

생식에 관한 주장들

탄생의 신비

생식(生殖)은 생물이 번식하는 것을 말해요. 사람이나 동물이 아기를 낳는 것은 무척 평범하고 흔한 일이라고 생각되지만, 과학사에서 가장 많이 논의된 문제 중 하나랍니다.
"어떻게 두 존재에서부터(유성 생식의 경우) 또 다른 제3의 존재가 생겨날 수 있을까? 자식이 태어날 때 부모는 각자 어떤 역할을 할까?" 아리스토텔레스는 새로운 존재가 아버지 쪽의 씨와 어머니 쪽의 씨가 만나서 생겨난다고 설명했어요. 부모 양쪽이 임신에 동등하게 관여한다는 점을 전제한 것이지요.

처음부터 완성되어 있다?

1625년, 식물학자이기도 한 이탈리아의 의사 주세페 델리 아로마타리는 '전성설'을 처음으로 주장했어요. 어떤 개체가 탄생하기 전, 생식 기관 안에 머물 때에도 이미 몸의 모든 부분이 완성되어 있으며, 그저 성장한 어른의 모습을 작게 줄여 놓은 축소판 형태라는 것입니다. 인간을 예로 들자면, 정자나 난자 속에 작은 인간이 들어 있다는 거예요. 아로마타리는 어느 식물의 씨앗 속을 관찰하다가 실제 식물의 축소판처럼 생긴 것을 발견했는데, 이 원리를 동물에까지 확대해서 적용한 결과였어요.

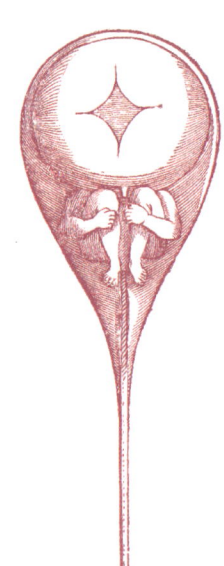

'정원론자'들은 정자 안에 이미 완성된 형태의 태아가 들어 있다고 주장한 사람들이다.

점진적인 발생

영국의 의사이자 생리학자인 윌리엄 하비는 '전성설'과 반대되는 '후성설'을 제시했어요. 혈액 순환의 발견자이기도 한 하비는 아리스토텔레스가 그랬던 것처럼 닭의 배아를 가지고 개체의 발생을 연구했어요. 그 결과, 병아리는 한 번에 뿅! 하고 만들어지는 것이 아니라, 달걀의 물질들로부터 조금씩 조금씩 완성되어 간다는 결론을 내렸답니다.

아버지일까, 어머니일까?

개체가 태어나기 전에 이미 축소판 형태로 존재한다고 주장하는 전성설은 한 가지 큰 문제를 안고 있었어요. 그 축소된 개체는 부모 가운데 어느 쪽에 있다가 세상에 나오는 것일까요? 이 질문을 놓고 사람들은 양쪽으로 의견이 갈렸는데, 우선 '난원론자'들은 축소된 개체가 어머니 쪽의 알(난자)에 존재한다고 보았어요. 하지만 '정원론자'들은 1677년에 안톤 판 레이우엔훅의 조수가 정액을 현미경으로 관찰하다 발견한 '맨눈으로는 보이지 않는 아주 작은 동물', 즉 이후 '정자'라고 불리게 되는 것 안에 들어 있다고 주장했지요.

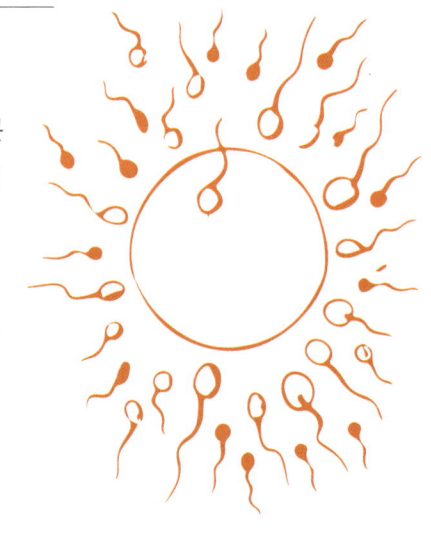

놀라운 생명의 세계

팬티 입은 두꺼비

1777년, 이탈리아의 박물학자인 라차로 스팔란차니는 양서류의 생식에 관한 실험을 진행했어요. 수정에서 정자의 역할을 확인하기 위해 수컷 두꺼비에게 팬티를 입힌 거예요! 암컷 두꺼비와 팬티 입은 수컷 두꺼비는 교미를 하고 알을 낳았으나, 그 알은 부화되지 않았어요. 그래서 스팔란차니는 수컷의 정액이 닿지 않으면 알은 부화할 수 없다는 결론을 내렸답니다. 스팔란차니는 이러한 지식을 근거로 하여 1780년에는 최초로 개의 인공 수정을 실시하기도 했어요.

유전의 문제

생명이 가지고 있는 모양이나 속성, 그리고 질병이 유전되는 현상 역시 전성설의 걸림돌이었어요. 전성설에 의하면 새로운 개체는 부모 중 어느 한쪽에서만 생겨나는데, 어째서 아이가 엄마의 특징도 닮고, 아빠의 특징도 닮을 수 있을까요? 정원론자들에게 난자는 그저 영양을 제공하는 역할에 지나지 않았고, 난원론자들에게 정자는 난자에서의 배아 발달을 활성화하는 역할에 지나지 않았어요. 그렇다면 그 정도의 사소한 역할밖에 하지 못하는 존재가 어떠한 특징을 물려줄 수 있다고 봐야 하는 것일까요?

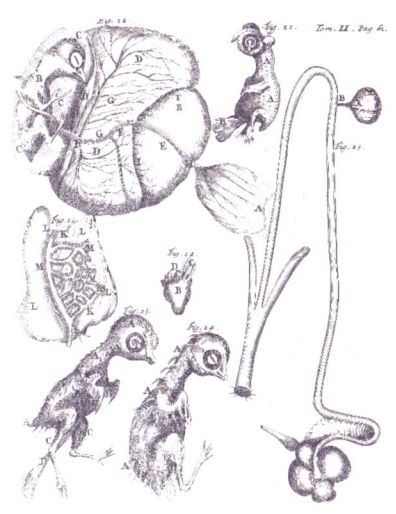

마르첼로 말피기는 병아리가 달걀 안에 이미 완성된 형태로 존재한다고 보았다.

달걀이 불러온 착각

전성설을 지지한 사람 중에는 아주 뛰어난 철학자와 과학자도 있었어요. 예를 들어 1672년에 이탈리아의 의사이자 생리학자인 마르첼로 말피기는 발달 초기 단계에 있는 닭의 배아를 현미경으로 관찰한 뒤, 병아리가 달걀 안에 축소된 형태로 이미 존재한다고 확신했어요.

끝없이 인형이 나오는 마트료시카

전성설을 주장하는 일부 학자는 아주 놀라운 결론을 끌어내기도 했어요. 개체가 부모 중 어느 한쪽 안에 완성된 형태로 이미 존재하는 것이라면, 그 개체의 생식 기관 안에는 또 그 자식들이 더 축소된 형태로 이미 존재하고 있을 것이라는 생각이었죠. 마치 러시아의 목각 인형 '마트료시카'를 생각나게 하지요? 15세기에 이 이론을 내놓은 이탈리아의 의사 안토니오 발리스네리는 성경 속 최초의 여성인 '이브'의 난자 안에 인류의 종말까지 탄생할 모든 인류가 축소된 형태로 이미 들어 있었다고 주장했답니다!

무한히 작은 세계

돋보기 효과

보석이나 유리를 갈아 만든 렌즈가 사물을 크게 보이게 해 준다는 사실은 고대부터 알려져 있었어요. 하지만 그 성질을 과학에 활용하려는 생각은 오랫동안 아무도 하지 않았답니다.

옷감을 살펴보다

현미경의 기원은 아직 정확히 밝혀지지는 않았지만, 16세기 말 무렵 무역의 중심지로서 포목상이 많았던 네덜란드에서 처음 발명되었다고 알려져 있어요. 당시 포목상들은 옷감의 상태와 질을 자세히 검사하기 위해 확대경을 사용했는데, 최초의 현미경은 아마 그러한 도구에서 탄생한 것으로 보여요.

미시적 세계의 개척자

18세기 네덜란드에서 옷감을 팔던 포목상 안톤 판 레이우엔훅은 과학 교육을 전혀 받지 못했으나 현미경 연구에서 가장 위대한 선구자로 꼽히는 인물이에요. 레이우엔훅은 현미경을 최초로 사용한 박물학자 중 한 명인 얀 스바메르담을 만나면서 현미경에 관심을 갖게 되었고, 직접 렌즈를 갈아 제작한 현미경으로 많은 발견을 해냈지요. 레이우엔훅이 만든 현미경은 500점이 넘는데, 딱 하나의 렌즈로 구성되어 있었지만 무려 266배에 이르는 배율을 자랑하는 것도 있었답니다!

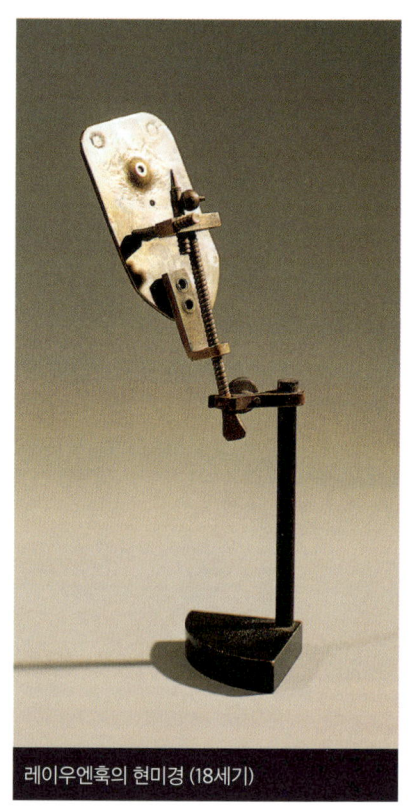

레이우엔훅의 현미경 (18세기)

더 좋은 현미경을 만들자!

현미경 연구가 크게 발전한 곳은 **영국**이에요. 영국인들은 렌즈가 두 개 달린 현미경을 사용했는데, 2중 렌즈 방식은 배율은 높아도 아직 완성 단계는 아니었어요. 착시가 생겨서 정확하게 관찰하기 어려웠거든요. 그래서 레이우엔훅이 자신의 연구 결과를 영국 왕립 학회에 보냈을 때, 영국 학자들은 레이우엔훅에게 그가 제작한 현미경을 하나 보내 달라고 부탁했어요. 렌즈가 하나인데도 선명하게 잘 보였기 때문에 이 현미경을 영국에서도 만들고 싶었거든요. 하지만 샘플 현미경이 있어도 똑같이 만들 수는 없었답니다. 레이우엔훅이 자신만의 제작 비결은 비밀로 남겨 두었기 때문이죠!

놀라운 생명의 세계

레이우엔훅의 비결

레이우엔훅이 만든 현미경이 당대의 다른 현미경보다 뛰어날 수 있었던 **비결**은 지금까지도 정확히 알려지지 않았어요. 레이우엔훅의 현미경은 중간에 구멍이 뚫린 금속판 두 개 사이에 작은 렌즈를 끼워 놓은 형태로, 관찰 대상을 뾰족한 끝이나 시험관에 놓고 관찰하는 방식이에요. 레이우엔훅은 어둠 속에서 촛불의 빛으로 표본을 관찰했으며, 나중에는 거울을 이용해 빛을 렌즈에 모으는 장치도 만들어 냈어요.

뉴턴의 실수

뉴턴은 자신이 빛에 관해 세운 이론상의 **오류** 때문에 완벽한 현미경은 만들 수 없다고 생각했어요. 빛에 의해 물체가 번져 보이는 색수차 현상을 해결할 수 없다고 믿었기 때문이죠. 그러나 뉴턴이 틀렸음이 곧 밝혀졌어요. 1730년경, 과학에 관심이 많은 영국 변호사 체스터 무어 홀이 굴절률이 서로 다른 렌즈 두 개를 이용하면 색수차를 보정할 수 있음을 보여 주었기 때문이랍니다.

현미경 때문에 착각했다고?

18세기에 현미경 연구는 한차례 크게 유행했지만, 점차 사람들의 관심 밖으로 밀려났어요. 특히 초기의 현미경은 색이나 형태를 왜곡시키는 결함을 가지고 있었기 때문에 일부 과학자들은 현미경이 일으키는 **착각**을 경계했답니다.

결정적 발명

마침내 1749년에 스위스의 수학자이자 물리학자인 **레온하르트 오일러**는 색의 분산에 관한 뉴턴의 법칙에 오류가 있음을 밝혔어요. 이를 계기로 광학자 존 돌런드는 1757년에 색수차를 없앤 렌즈를 처음으로 만들어 냈답니다. 이후 현미경은 정확성과 신뢰도를 크게 높이면서 미생물의 세계에 대한 생물학자들의 관심에도 다시 활력을 불어넣었어요.

점점 더 작은 세계로

보이지 않는 세계에 대한 연구는 계속 발전을 거듭해 왔어요. 1931년에 1만 2000배의 배율을 가진 전자 현미경이 발명된 것에 이어, 1981년에는 원자보다 작은 크기까지 볼 수 있는 '주사 터널링 현미경'까지 나왔답니다.

전자 현미경으로 본 진드기

동물과 식물과 **박물학**

중세의 동물

중세에 서유럽에는 알려진 동물이 아직 많지 않았어요. 그래서 최초의 탐험가들은 먼 나라에 사는 처음 보는 동물을 만나면 깜짝 놀랄 수밖에 없었어요. 예를 들어 이탈리아의 상인 마르코 폴로는 수마트라코뿔소를 처음 봤을 때 전설에서 말하는 것만큼 아름답지는 않다고 생각했대요. 그는 코뿔소가 유니콘인 줄 알았던 거예요! 그도 그럴 것이, 중세의 동물 우화집에 묘사된 동물들의 모습에는 실제 관찰과 전설에 따른 상상이 뒤섞여 있었거든요.

박물학의 시초

과학적으로 동물, 식물, 광물의 종류나 특성을 연구하고 정리하는 학문을 **박물학**이라고 해요. 이러한 박물학적 접근은 사실 고대에도 있었어요. 고대 로마의 학자 플리니우스가 쓴 《박물지》가 그 사례예요. 이 작품에는 박물학을 포함한 당대의 지식이 대부분 담겨 있는데, 대신 체계성과 논리성은 좀 부족한 편이랍니다.

분류의 필요성

'박물학의 아버지'이자 '생물학의 창시자'라고 불렸던 영국의 학자 **존 레이**는 다양한 생물의 종류를 체계적인 분류한 사람이에요. 종의 개념을 명확하게 정의하면서 과학적인 박물학 시대를 열었답니다. 아메리카 대륙의 발견 및 세계 탐험의 증가로 새로운 생물종이 넘쳐나는 바람에 더 이상 예전처럼 그림으로 기록하는 방법만으로는 생물들을 명확히 구분할 수 없었기 때문이에요.

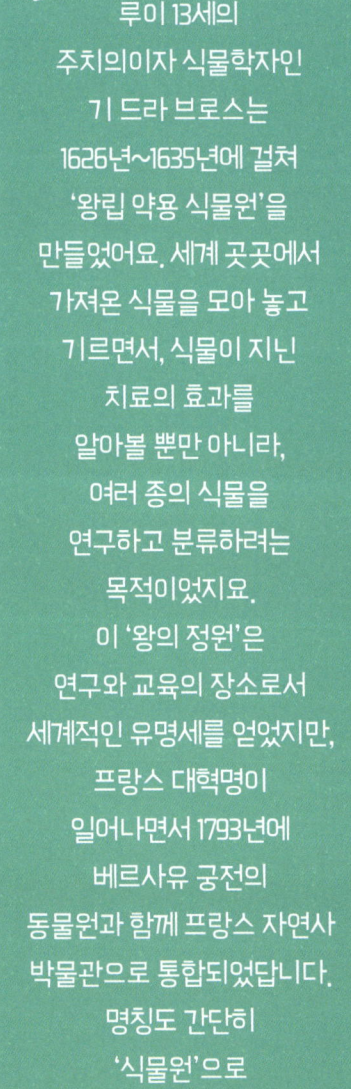

아주 특별한 정원

루이 13세의 주치의이자 식물학자인 기 드라 브로스는 1626년~1635년에 걸쳐 '왕립 약용 식물원'을 만들었어요. 세계 곳곳에서 가져온 식물을 모아 놓고 기르면서, 식물이 지닌 치료의 효과를 알아볼 뿐만 아니라, 여러 종의 식물을 연구하고 분류하려는 목적이었지요. 이 '왕의 정원'은 연구와 교육의 장소로서 세계적인 유명세를 얻었지만, 프랑스 대혁명이 일어나면서 1793년에 베르사유 궁전의 동물원과 함께 프랑스 자연사 박물관으로 통합되었답니다. 명칭도 간단히 '식물원'으로 바뀌면서 말이죠.

약용 식물을 기르기 위한 왕립 식물원

놀라운 생명의 세계

뷔퐁의 《박물지》에 실린 벌새

생물은 변하지 않는다고?

프랑스의 조르주루이 르클레르 뷔퐁은 18세기에 가장 큰 영향력을 발휘한 대중적인 박물학자예요. 뷔퐁은 린네의 분류 체계에 대해서는 반대했으나, 린네가 주장하는 '**종의 불변성**'만은 지지했어요. 모든 생물은 신의 창조물이므로 아무리 오랜 시간이 지나도 그 모습이 변하지 않는다는 것이지요. 그러나 세월이 흐르며 거듭되는 관찰과 연구로 뷔퐁의 신념이 흔들리기 시작했어요. 각종 화석 증거들에 의하면 생물은 진화하거나 퇴화하는 등 다양한 변화를 겪고 있었거든요. 린네 역시 나이가 들어서는 뷔퐁처럼 '제한적인 생물 변이설' 쪽으로 마음이 기울어졌답니다.

제2의 아담

스웨덴의 박물학자 **칼 폰 린네**는 1735년에 쓴 《자연의 체계》를 통해 모든 생물종에 대한 분류 체계를 처음으로 내놓았어요. 그가 제안한 분류법은 모든 사람의 동의를 얻지는 못했지만, 각각의 종을 두 단어로 된 라틴어 학명으로 지칭하는 린네의 명명법 (첫 번째 단어는 속명+두 번째 단어는 종명, 예를 들어 늑대의 학명은 'Canis lupus, 카니스 루푸스'로 표기)은 오늘날에도 사용되고 있답니다. 린네는 자신이 신이 창조한 동물들에 이름을 지어 주었다는 점에서 스스로를 '제2의 아담'이라고 여겼다는군요!

생명의 나무

19세기에 프랑스의 식물학자 장 바티스트 라마르크는 생물의 계통에 기초한 새로운 분류법을 내놓았어요. '**생명의 나무**'라고 불리는 그의 그림은 위에서 아래로 동물이 발전하는 단계를 나타내는데, 맨위에는 벌레를 놓고 맨아래에 포유류를 놓았어요. 물론 라마르크는 진화 원리에 대해 잘 모르는 상태에서 잘못된 가설을 근거로 삼긴 했지만, 이러한 계통 분류는 지금도 계속 사용되고 있답니다.

움직이는 식물?

식물도 움직일 수 있다는 것을 알고 있나요? 예를 들어 미모사는 만지면 잎을 오므리고, '걸어 다니는 나무'라는 별명을 지닌 야자나무 워킹팜(Walking palm)은 햇빛이 사라지면 천천히 이동을 시작해요. 햇빛이 있는 쪽으로 새로운 뿌리를 내리고, 기존의 뿌리를 없애 버리는 방식으로 움직이지요. 그리고 회전초는 정말로 이동을 해요! 마실 물이 없어지면 뿌리에서 떨어져 나와 바람을 타고 굴러다니다가 물이 있는 곳을 만나면 씨를 퍼뜨려 새로 싹을 피운답니다.

미모사

멘델 : 유전학을 창시하다

과학자를 꿈꾼 성직자

요한 멘델은 1822년에 오스트리아 제국의 모라비아에서 농부의 아들로 태어났어요. 학교 선생님이 어린 멘델의 명석한 두뇌를 알아보고 학업을 계속하라고 권했으나, 가정 형편상 대학 진학을 포기했지요. 스물한 살에 브륀 수도원에 들어간 멘델은 '그레고어'라는 수도명으로 수련을 받은 후 4년 뒤에는 신부가 되었습니다. 하지만 과학자의 꿈을 버리지 못해 빈 대학교에서 강의를 들으면서 물리학과 통계적 연구 방법, 세포 이론 등을 배웠어요.

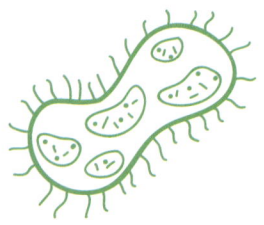

완두콩의 비밀

멘델은 교사 시험에 두 번 떨어진 뒤 **생물 실험**에 열중했어요. 수도원 마당에서 호박, 사과나무, 배나무, 완두콩 같은 식물을 교배하면서 품종을 개량하는 방법을 연구한 거예요. 특히 그는 완두콩으로는 1만 번이 넘는 교배 실험을 진행했어요!

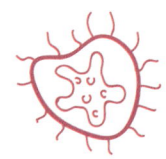

유전의 우연성

멘델의 연구에서 핵심은 확률이었어요. 생물학자들이 유전의 법칙을 찾으려고 애쓰던 시기에 멘델은 유전에 '우연성'이라는 요소를 도입한 거예요. '혹시 유전은 우연하게, 무작위로 이루어지는 것은 아닐까?'라는 생각을 처음으로 하게 된 것이지요. 예를 들어 엄마의 눈동자 색을 물려받거나, 아빠의 머리카락 색을 물려받는 것은 어떠한 기준이나 법칙을 따르는 게 아니라 그냥 무작위로 이루어지는 거예요.

완두콩의 비밀

멘델은 1865년에 자신의 연구 결과를 발표했어요. **완두콩** 중에서 주름이 있는 것과 매끈한 것을 교배해 보고, 노란색과 초록색을 교배해 보며 그 결과를 관찰한 실험이었지요. 주름이 있는 완두콩과 매끈한 완두콩을 여러 번 교배해 봤는데, 둘이 섞인 잡종 완두콩은 모두 매끈했어요. 매끈한 것이 우월한 특성, 즉 '우성'인 셈이지요. 그런데 매끈한 잡종 완두콩끼리 다시 교배를 했더니, 신기하게도 이번에는 주름이 있는 '열성' 완두콩도 다시 자라났답니다. 이러한 결과를 통계적으로 정리하니, 우성과 열성의 비율이 3대 1로 나타난다는 사실을 알 수 있었어요.

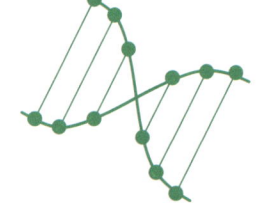

놀라운 생명의 세계

유전자가 빠진 유전학

이처럼 멘델은 유전의 법칙을 증명했지만, 사실 멘델은 유전자에 대해서는 거의 아는 게 없었어요. 하지만 그는 실험을 계속하며 부모는 어떤 특성에 대해 각자 두 가지 유전 요소를 가지되, 그중 하나씩만 자식에게 물려주며, 수정으로 다시 한 쌍의 유전 요소가 회복된다는 점을 깨달았어요. 또한 멘델은 서로 다른 특성은 우성과 열성을 가리지 않고 독립적으로 유전된다는 것도 알아냈지요(일부 특수한 경우는 제외하고요.). 순전히 통계적·논리적 추론에 근거한 멘델의 설명은 이후 염색체와 유전자가 발견되면서 사실로 확인되었답니다.

순수의 법칙

멘델은 배우자, 즉 두 생식 세포들은 자식에게 형질을 하나씩만 전달하며, 두 가지 형질을 지닌 잡종 개체도 둘 중 하나만 전달할 수 있다고 가정했어요. 이것은 '순수의 법칙'이라고 불리는데, 이 역시 유전학에서 중요한 의미를 갖지요.

오랜 무관심

그런데 멘델의 보고서는 당대에는 전혀 주목을 받지 못했어요. 생물학의 역사에서 가장 중요한 문헌 중 하나인데도 말이에요! 멘델이 과학자가 아니라 '그레고어 신부'였기 때문이었을까요? 멘델은 과학계의 무관심 속에 1884년 세상을 떠났어요. 그의 연구는 20세기 초에 가서야 세 명의 생물학자(휘호 더프리스, 카를 코렌스, 에리히 체르마크)가 각기 독자적으로 내놓은 연구를 통해 재발견되었고, 마침내 '멘델의 법칙'이라는 이름을 갖게 되었답니다.

교배와 유전

유전학의 시작은 식물이나 동물의 교배에 관한 연구에서 찾아볼 수 있어요. 특히 서로 다른 종을 교배시키는 실험은 과학적 호기심과 품종 개량의 필요성이 낳은 산물로, 18세기부터 시작되었지요. 식물학자들은 많은 종을 대상으로 교배를 연구하면서 조상의 형질이 다시 나타나는 유전 현상을 관찰했고, 1822년에 스위스의 약사 앙투안 콜라동 역시 생쥐를 이용한 실험 결과를 보고하면서 형질의 지속성에 주목했어요.

유전자와 염색체

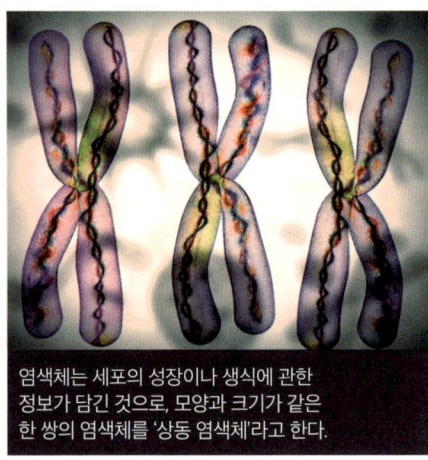

염색체는 세포의 성장이나 생식에 관한 정보가 담긴 것으로, 모양과 크기가 같은 한 쌍의 염색체를 '상동 염색체'라고 한다.

유전 인자

유전자는 DNA의 한 부분이에요. 염색체의 특정 위치에 자리를 잡은 채 개체의 고유한 속성이나 모양이 나타나도록 하는 곳이죠. 유전자라는 용어는 19세기에 덴마크의 식물학자 빌헬름 요한센이 처음 사용했어요. 물론 요한센은 당시에는 유전자를 염색체와 연결 짓지는 못했지만, 유전자를 통해 형질이 한 세대에서 다음 세대로 전달되는 사실을 설명했어요. 또한 여러 유전자(유전자형)가 하나의 형질을 발현할 수 있음도 밝혀냈지요.

성염색체 Y와 X

남성과 여성

남성은 X염색체와 Y염색체가 하나씩 있고, 여성은 X염색체만 두 개 있어요.

X염색체와 Y염색체

1905년, 미국의 과학자 네티 스티븐스는 염색체와 그 개체의 성별에 관계가 있음을 알아냈어요. 곤충의 정자를 관찰하던 중, 정자에 있는 작은 크기의 어느 염색체가 성별을 결정한다는 사실을 알게 된 것이죠. 스티븐스가 발견한 것은 Y염색체로, X염색체와 함께 성 염색체로 불러요(X와 Y는 모양 때문에 붙은 명칭이랍니다.). Y염색체에 남성 형질의 원인이 되는 SRY 유전자가 있다는 것은 1960년대에 밝혀졌으며, 이 SRY 유전자가 발현되지 않으면 그 배아는 여성으로 발달해요.

네티 스티븐스

초파리 덕분에

초파리는 초기 유전학 연구의 출발점이 된 생물이자 지금까지도 활용되는 생물이에요. 번식이 빠르고 크기가 작은데다가 염색체가 8개밖에 없어서 연구가 쉬운 편이거든요. 1909년, 미국의 유전학자 토머스 모건(1933년 노벨상 수상)은 초파리를 길러 관찰하던 중에 특이한 개체를 발견했어요. 다른 초파리는 모두 붉은색 눈인데, 가끔씩 흰색 눈을 가지고 있는 개체가 나왔기 때문이에요. 모건은 그 현상을 설명하기 위해 많은 교배 실험을 진행한 끝에 몇 가지 결론을 냈어요. 유전자는 염색체보다 개수가 많지만 염색체상에 일정한 순서로 배열해 있고, 염색체 사이에서는 유전자 교환이 일어날 수 있으며, 염색체 분포에 이상이 생기기도 한다는 것이에요. 모건의 연구 이후 초파리에 관한 책이나 논문은 10만 건 이상이나 나왔다네요.

사촌 유전자

같은 핏줄에 속하는 두 사람이 결혼하면 근친 교배에 따른 위험이 높아져요. 두 사람 모두 그 집안의 열성 유전자를 가지고 있을 가능성이 크고, 그 자식에게 열성 유전자가 나타날 확률이 높기 때문이죠. 실제로 사촌 간의 결혼으로 태어난 아이는 20명 중 1명 이상의 비율로 기형(심장 기형, 뇌 기형, 구순 구개열 등)이나 유전성 질환(낭포성 섬유증, 겸상 적혈구증 등)을 앓고 있대요.

놀라운 생명의 세계

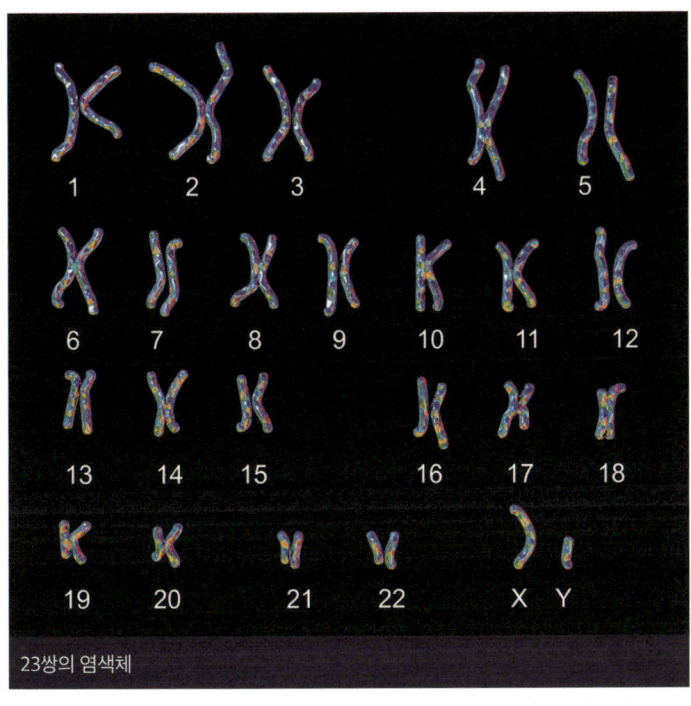
23쌍의 염색체

유전자 지도를 만들다

1913년, 토머스 모건은 초파리 연구를 이어 가면서 **유전자 지도**를 만들었어요. 어떤 유전자가 염색체상에서 어느 위치에 있는지, 어떤 확률로 발현되는지 등을 나타낸 거예요(유전자 지도의 단위는 '센티모건'이에요.). 최초의 유전자 지도는 초파리의 Y염색체에 대한 지도예요. 이후 1927년에는 X선(엑스레이)을 활용해 유전자 지도의 정확성을 높이는 기술이 개발되었고, 요즘에는 DNA에 직접 삽입한 특정 분자를 이용해서 염색체의 이동을 추적하는 등 보다 정확한 유전자 지도를 얻을 수 있답니다.

인간의 유전자를 분석하다

사람의 DNA 서열은 인간 **게놈 프로젝트**를 진행한 국제 연구진이 15년이 넘는 연구 끝에 2003년에 완전히 밝혀냈어요. '게놈'이란 한 생물의 염색체 속에 담긴 모든 유전 정보를 말해요. 이 프로젝트로 인해 대략 2만 개의 유전자에 관한 정보가 인류 공동 자산으로 지정되면서 생물에 관한 특허로부터 보호받게 되었어요. 그리고 현재는 그 정보를 해석하는 '인코드 프로젝트'가 진행되어 분석을 이어 가고 있어요.

쓰레기 DNA?

게놈의 크기는 종마다 아주 다양해요. 20세기 중반부터 게놈의 크기를 측정하는 노력을 시작했으나 곧 한계에 부딪혔어요. DNA 곳곳에 유전 정보가 없는 '비코딩' 영역이 꽤 존재했거든요. 유전자는 코딩 영역(엑손)과 비코딩 영역(인트론)으로 이루어지는데, 비코딩 영역은 단백질이 합성되는 과정에서 중간에 제거되는 바람에 유전 정보가 사라져요. 그래서 현재 지식에 따르면 게놈에서 유전 정보가 있는 부분은 고작 1.5퍼센트뿐이라고 해요. 1.5퍼센트를 제외한 나머지 부분은 정보가 없다는 이유로 한때 쓰레기를 뜻하는 '정크 DNA'로 불리기도 했어요. 하지만 사실 유전자의 활동 조절에 아주 중요한 역할을 담당하는 녀석들이랍니다.

살아남은 유전자!

동물의 일부 유전자는 그 동물이 죽은 뒤에도 며칠은 '살아남아' 있대요! 연구에 따르면 사후에 살아 있는 그 유전자들은 태어나기 전 배아 발달 단계에서도 살아 있는 경우가 많다고 해요. 세포의 차원으로 보면, 발생 중인 생명체와 분해 중인 시체가 공통점을 갖는 셈이네요.

DNA와 유전의 비밀

DNA의 발견

1869년 스위스의 생화학자 프리드리히 미셰르는 백혈구의 핵에서 이상한 물질을 발견하고 '뉴클레인'이라고 이름 붙였어요. 생화학 역사상 처음 발견된 물질로, 인 성분이 풍부하다는 점이 가장 큰 특징이었죠. 미셰르는 이 뉴클레인이 많은 생물 종에 걸쳐 정자 세포를 포함한 모든 종류의 세포에 존재한다는 것을 알게 되었고, 그래서 이것이 유전과 연관된 물질일 것이라는 결론을 내렸어요. 미셰르는 다름 아닌 DNA를 발견한 것인데, 당시에는 그 발견이 얼마나 중요한 일인지 아무도 몰랐답니다.

디옥시리보핵산 또는 DNA

20세기 초까지는 뉴클레인이 어떤 성분으로 되어 있는지를 자세히 연구했어요. 그 결과 단백질과 '핵산'이라고 불리는 성분이 먼저 확인되었고, 이어서 네 종류의 염기(아데닌, 티민, 구아닌, 시토신)와 디옥시리보오스도 확인되었어요. 그래서 뉴클레인은 1935년에 디옥시리보핵산(DeoxyriboNucleic Acid), 즉 DNA라는 이름이 붙었어요. 이후 1944년, 미국의 세균학자인 오즈월드 에이버리의 연구진이 DNA와 유전 사이의 연관성을 밝혀냈지요.

염색이 잘 되는 물질

1879년, 독일의 세포학자 발터 플레밍은 세포 분열을 관찰하다가 실뭉치처럼 생긴 물질이 분열 중인 세포 양쪽으로 나누어지는 광경을 목격했어요. 문제의 실뭉치는 쉽게 염색이 되는 특징을 지니고 있어 '염색체'라고 부르게 되었답니다.

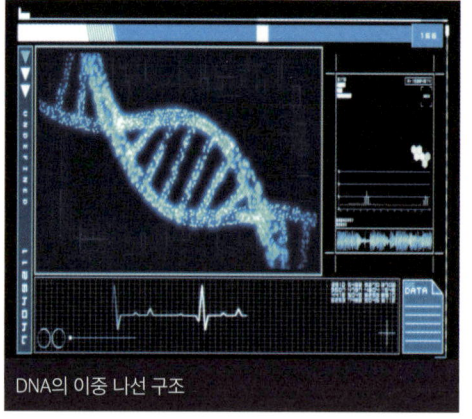
DNA의 이중 나선 구조

이중 나선 구조

1950년대 초 영국의 생물학자 로잘린드 프랭클린은 X선으로 DNA를 연구한 끝에, DNA의 엑스레이 사진을 얻는 데 성공했어요! 일명 '사진 51'이라 불리는 이 사진은 DNA를 구성하는 작은 분자, 즉 염기들 사이의 거리가 얼마나 가까운지 밝힐 수 있게 해 주었으며, 특히 DNA의 이중 나선 구조를 밝히는 데 결정적인 역할을 했어요. 과학 수사 드라마에서 유전자 분석을 할 때 나선형으로 꼬인 사다리 모양의 그림을 본 적 있나요? 사진 51이 밝혀낸 모양이랍니다.

염색체의 개수

종마다 지니고 있는 염색체의 수가 다 달라요. 예를 들어 사람이나 올리브 나무는 염색체가 46개이고, 개는 78개, 고양이는 38개, 페니실린 곰팡이는 4개예요. 뽕나무는 염색체가 308개나 된답니다!

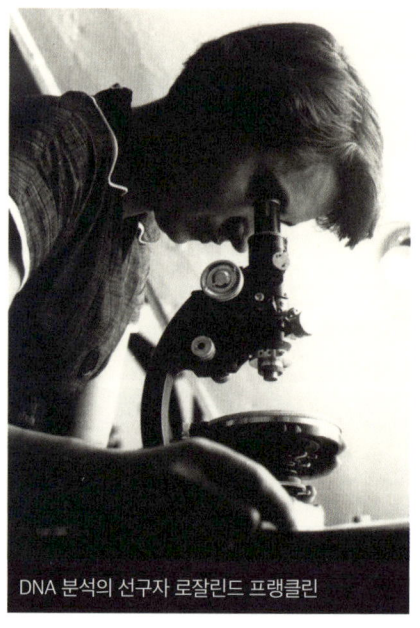
DNA 분석의 선구자 로잘린드 프랭클린

놀라운 생명의 세계

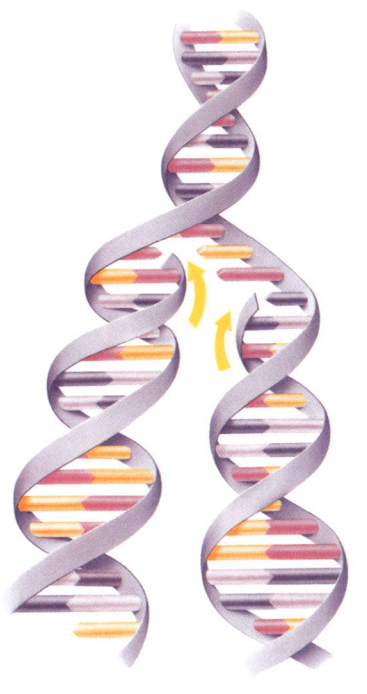

DNA의 구조

DNA 검사

세포의 핵에 들어 있는 DNA의 길이는 약 2미터 정도예요. DNA에는 단백질을 만들 설계도가 담겨 있는데, 이를 단백질 코딩이라고 해요. DNA 중에 단백질 코딩에 참여하지 않는 비코딩 영역도 있는데, 여기에는 '미세 위성 DNA'라고 불리는 짧은 서열이 많게는 50번까지 반복적으로 배치되어 있어요. 그 반복 횟수가 사람마다 다르기 때문에, DNA 검사에서는 그 횟수를 비교해서 개인을 구분한답니다.

집에서 DNA 추출하기

DNA를 **추출하는 법**은 아주 간단해서, 여러분도 집에서 쉽게 할 수 있답니다. 우선 과일을 주방용 세제(세포막을 녹여 DNA가 세포 밖으로 나오게 하는 역할), 소금(DNA가 잘 뭉치도록 도와주는 역할)과 함께 믹서기로 갈아 주세요. 그런 다음 커피 여과지(찌꺼기를 제거하는 역할)에 걸러서 즙만 모은 뒤, 거기에 같은 양의 90도짜리 알코올(DNA를 침전시키는 역할)을 천천히 부어 주세요. 그러면 흰색 실 같은 것이 생겨서 둥둥 떠다니는데, 그것이 바로 과일의 DNA랍니다!

해독의 시작

RNA는 DNA에서 복제한 유전 정보를 핵 밖으로 가지고 나와서 단백질이 합성되게 해 주는 물질이에요. RNA에 대한 연구를 계속한 결과, 과학자들은 1961년에 '코돈'이라는 존재를 밝혀낼 수 있었어요. 코돈은 세 개의 뉴클레오티드(DNA와 RNA의 기본 단위)로 이루어진 유전 정보 단위인데, 코돈의 속성에 따라 단백질을 만드는 데 필요한 20종의 아미노산 중 하나가 만들어진답니다.

두 가닥의 DNA 사슬

DNA는 수많은 뉴클레오티드가 연결된 **두 가닥의** 사슬로 이루어져 있어요. 두 사슬 사이에는 수많은 염기들이 배열되어 있고, 이 염기들은 약한 화학적 결합으로 서로 붙어 있어요. 대칭 구조를 이루고 있기 때문에 하나의 사슬에 들어 있는 코돈의 유전 정보는 두 가닥이 동일하게 가지고 있어요. 또한 두 사슬은 이중 나선의 형태로 서로를 휘감고 있으며, 세포 분열을 할 때에는 응축된 섬유처럼 가늘고 긴 모양을 취하면서 염색체를 만들어요.

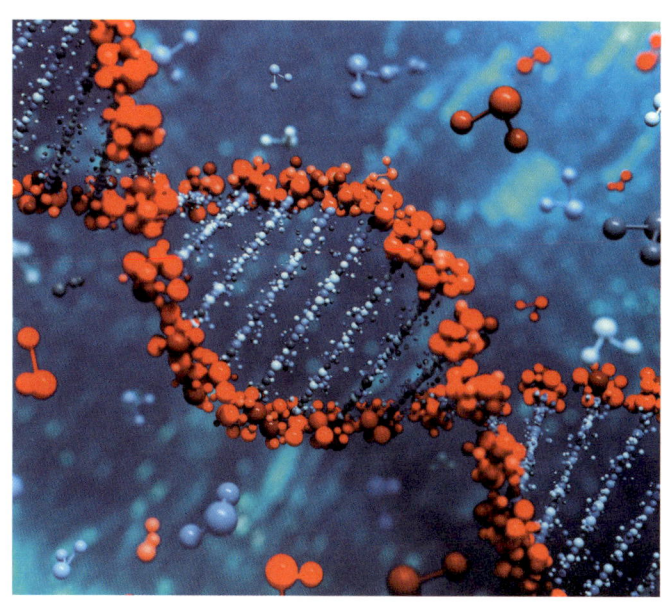

단백질 : 만능 재주꾼

우리 몸의 주요 영양소

생물을 구성하고 있는 분자 중 가장 많은 것은 **단백질**이에요. 단백질은 유전자가 나타날 때 만들어지는 하나 이상의 아미노산으로 이루어져 있어요. 세포 현상 및 생리학적 현상에서 중요한 역할을 한답니다.

단백질은 어디 있을까?

단백질은 곳곳에서 찾아볼 수 있어요. '인공 감미료' 아스파탐은 아미노산 두 개로 이루어진 아주 작은 단백질이고, '인슐린 호르몬'은 단백질 네 개가 모여 만들어진 물질이에요. '면역 항체'도 단백질에 속하지요. 우리나라에서는 샴푸 이름으로 잘 알려져 있는 '엘라스틴'은 피부에 탄력을 주는 단백질로, 나이가 들면 엘라스틴이 적게 합성되면서 피부에 주름이 생긴답니다.

단백질의 성분

단백질은 아미노산의 결합 순서에 따라 그 속성이 정해져요. 사람의 몸을 구성하고 있는 단백질은 **20종의 아미노산**으로 만들어지는데, 이 중 일부는 '필수 아미노산' 이라고 불려요. 필수 아미노산은 체내에서 저절로 만들어지지 않거나, 아주 적은 양만 만들어지거든요. 그래서 음식이나 영양제를 먹어 보충해야 해요. 필수 아미노산이 결핍되면 수면 장애나 소화 장애, 성장 장애, 기분 장애 등이 나타날 수 있답니다.

식이 섬유는 단백질?

단백질은 크게 **두 가지로 구분**할 수 있어요. 첫 번째는 둥글고 밀집된 형태의 '구상 단백질'이에요. 효소 작용이나 물질의 전달, 아미노산의 저장 같은 역할을 합니다. 두 번째는 '섬유상 단백질'이에요. 조직의 구성 (세포 형태 유지, 뼈나 근육, 탄성 조직 구성)과 외피 구조(손톱, 털, 깃털, 뿔), 일부 생산 활동(누에의 실)에 도움을 주는 단백질이지요. 그런데 식이 섬유는 '섬유'라는 명칭 때문에 섬유상 단백질이라고 오해하기 쉬운데, 사실 단백질이 아니라 탄수화물의 일종이래요!

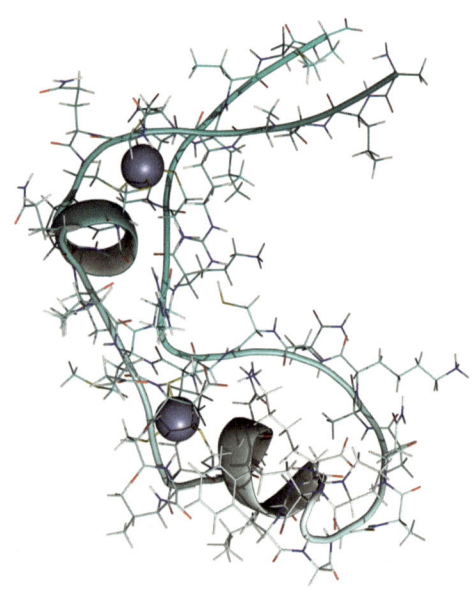

DNA 서열과 결합할 수 있는 성질을 지닌 징크 핑거 단백질

나비와 애벌레

어떤 생물이 외부적으로나 내부적으로 자극을 받았을 때, 유전자의 수는 그대로인데도 단백질 생성에는 변화가 생길 수 있어요. 나비와 그 애벌레는 모습이 완전히 다르지요? 하지만 둘의 게놈은 똑같답니다. 특정한 자극 때문에 각각 다른 단백질이 합성되었기 때문이지요.

놀라운 생명의 세계

다양한 종류의 단백질

동물성 단백질(육류, 생선, 달걀, 유제품 등)은 필수 아미노산을 모두 포함하고 있어요. 하지만 식품에서는 지방과 함께 들어 있을 때가 많아요. 반대로 **식물성 단백질**(곡류, 콩, 씨앗 등)은 퀴노아와 대두를 제외하면 필수 아미노산이 별로 함유되어 있지 않아요. 그래서 다양한 음식을 먹어야 필요한 영양을 다 얻을 수 있답니다. 식물성 단백질은 식품에서 복합 탄수화물, 비타민, 섬유소와 함께 들어 있어요.

아주 오래된 단백질!

단백질은 DNA보다 **더 잘 보존되는 편**이에요. 그래서 화석에서 아주 오래된 단백질이 발견되는 경우가 종종 있답니다. 실제로 2016년에 발견된 타조의 알껍데기에서는 380만 년 된 단백질이 나왔어요. 현재 알려진 가장 오래된 DNA의 흔적은 70만 년밖에 안 된 것이니 얼마나 차이가 나는지 알겠지요? 고고학자들은 오래된 단백질의 연구를 통해서 과거 인류의 식생활이나 환경에 관한 중요한 단서를 찾고 있답니다.

얼마나 필요할까?

2015년에 발표된 '한국인 영양소 섭취 기준'에 따르면, 성인이 하루 동안 섭취해야 하는 단백질의 권장량은 체중 1킬로그램당 0.73그램이에요.

곤충에 주목하라!

최근 미래의 대체 식량 중 하나로 **곤충**이 떠오르고 있어요. '곤충식'에는 많은 장점이 있습니다.

우선 곤충은 기르기 쉽고, 기를 때 자리를 많이 차지하지도 않아요. 번식도 빠르고 가축처럼 쉽게 전염병에 걸리지도 않지요. 무엇보다 영양가가 아주 높고, 종류가 많답니다(귀뚜라미, 메뚜기, 파리 등). 2016년에는 이제껏 발견된 최고의 영양 물질 중 하나로 '바퀴벌레의 유즙 단백질', 일명 '바퀴벌레 우유'의 존재가 밝혀지기도 했어요. (일반 우유보다 영양이 4배나 많대요!) 바퀴벌레로부터 우유를 추출하는 방법은 아직 연구 중이지만, 만약 연구가 성공한다면 세계적으로 영양실조가 사라질 수도 있을 거예요.

곤충이 미래의 단백질 공급원이 될 수 있을까?

세포 : 생명의 비밀 열쇠

아주 작은 공장

생물을 구성하는 세포는 그 자체가 하나의 **독립적인 생명 단위**예요. 스스로 증식하고, 에너지를 저장하거나 사용하고, 생존에 필요한 분자 합성을 독자적으로 할 수 있거든요. 단세포 동물인 세포가 혼자서도 아주 잘 살아갈 수 있다는 증거랍니다!

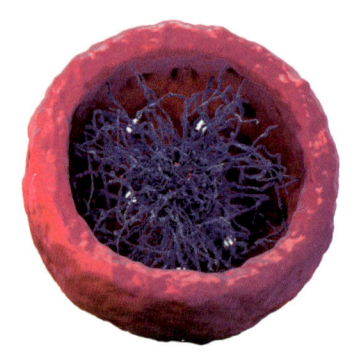

현미경으로 본 세포핵의 단면

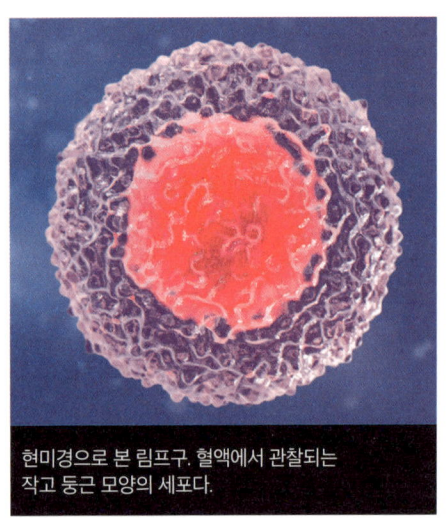

현미경으로 본 림프구. 혈액에서 관찰되는 작고 둥근 모양의 세포다.

세포막 경비원

세포와 세포 안에 들어 있는 세포 소기관들은 **얇은 막**으로 둘러싸여 있어요. 이 막은 정해진 순간에 정해진 물질만 선택해서 통과시키는 경비원이랍니다. 그래서 세포와 세포 소기관의 표면에는 분자들의 움직임을 조절하는 미세한 구멍과 '단백질 통로'가 곳곳에 존재해요. 세포의 내부와 외부 환경 사이의 차이가 유지될 수 있는 것도 물론 세포막 덕분이지요. 세포 내부는 세포질로 채워져 있고, 세포를 구성하는 모든 기관은 세포질 안에 잠겨 있어요.

세포의 중심

세포의 구성 요소 중 최초로 발견된 것은 **세포핵**으로, 1831년에 식물학자 로버트 브라운이 처음 관찰했어요. 세포핵은 DNA에 들어 있는 유전 정보를 지니고 있어서 더 중요하지요. 각각의 세포에는 개체의 전체 유전 형질이 들어 있긴 하지만, 실제로 발현되는 것은 일부만이에요.

줄기 세포

하나의 난세포에서 연속적인 **분열**을 통해 생겨나는 세포들은 모두 같은 과정에 의해 만들어지지만 발달 과정에서 서로 달라져요. 예를 들어 신경 세포와 피부 세포는 같은 세포에서 분열된 것이지만 서로 다른 단백질을 만들어내며, 형태도 서로 다르지요. 분화된 각각의 세포는 특정한 방식으로만 작동하도록 '프로그래밍' 되어 있는 셈입니다. 그런데 일부 세포들은 어떤 종류의 세포로든 분화할 수 있는 능력을 계속 유지하기도 해요. 새로운 치료법 연구에서 매우 중요하게 여겨지고 있는 '줄기세포'가 바로 그 주인공입니다.

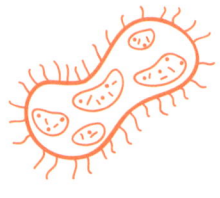

세포를 이루는 기관들

지식과 기술의 발달로 인해 학자들은 세포 내부에 서로 다른 구조와 기능을 지닌 조직들이 들어 있음을 발견했는데, 그것을 '세포 소기관'이라고 불러요.

놀라운 생명의 세계

에너지 센터

미토콘드리아는 마이크로미터 (0.001밀리미터) 단위의 작고 길쭉한 형태의 세포 소기관이에요. 세포의 '연료'에 해당하는 ATP (아데노신3인산)를 생산해서 세포의 기능에 필요한 에너지를 제공하며, 핵의 DNA와는 다른 별도의 DNA를 지닙니다.

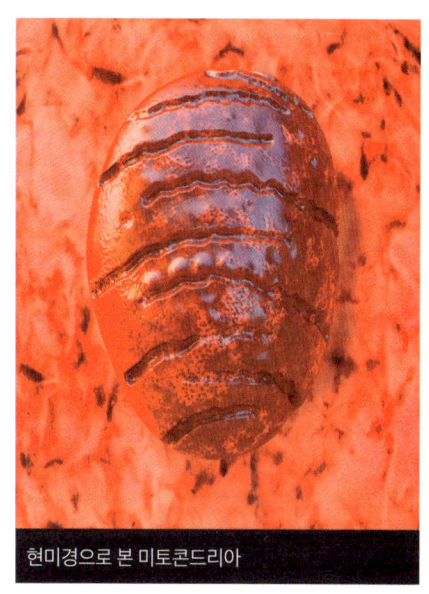

현미경으로 본 미토콘드리아

유전자의 메신저

세포핵의 DNA에 있는 유전 정보는 발현을 위해 '전사' 과정을 거쳐요. DNA상의 유전자에 있는 정보가 RNA로 복사되는 것이지요. RNA는 DNA보다 불안정하지만 핵에서 세포질로 이동할 수 있거든요. 이 성질을 이용해 일종의 메신저 역할을 하고 있어요.

어머니로부터의 유전

미토콘드리아는 자체적인 DNA를 지니고 있어서 세포 분열 시에 자신의 정보를 전달할 수 있어요. 그런데 수정이 이루어질 때 세포핵의 DNA는 보통 부모 양쪽에서 전해지지만, 미토콘드리아의 DNA는 어머니한테서만 전해진답니다. 정자는 세포질을 전달하지 않기 때문이죠. 그래서 미토콘드리아는 '모계 유전'된다고 말해요.

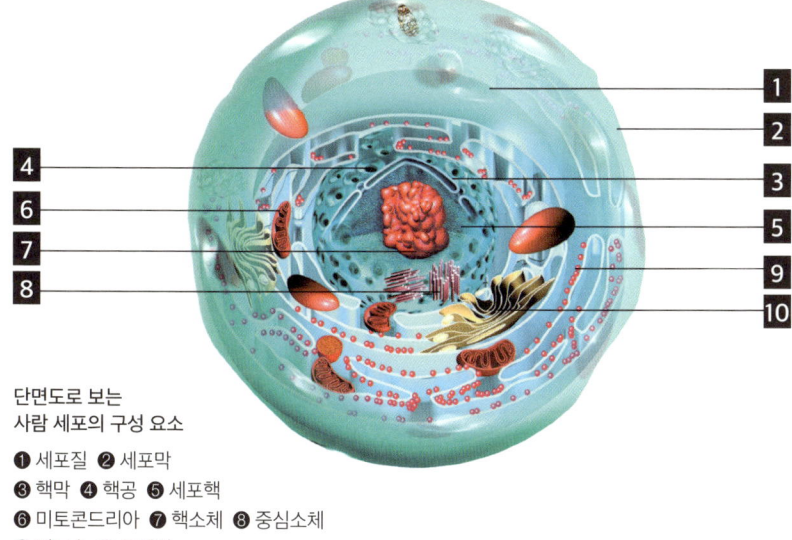

단면도로 보는
사람 세포의 구성 요소
❶ 세포질 ❷ 세포막
❸ 핵막 ❹ 핵공 ❺ 세포핵
❻ 미토콘드리아 ❼ 핵소체 ❽ 중심소체
❾ 리보솜 ❿ 골지체

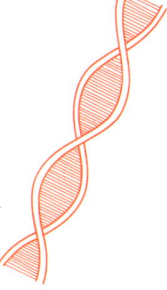

잡아먹힌 미토콘드리아

미토콘드리아의 DNA는 세균의 DNA와 매우 유사해요. 그래서 학자들은 미토콘드리아가 원시적인 세포 형태인 원핵 세포에 '잡아먹혔다가' 나중에 사이좋은 공생 관계가 된 **세균**이었을 것이라고 추측하고 있어요. 이는 '세포 내 공생설'이라고 불리는 이론으로, 1966년에 미국의 미생물학자 린 마굴리스가 처음 주장했어요.

심장 : 생명의 중심

심장은 왼쪽에 있다?

심장은 주먹만 한 크기로, 속이 빈 근육으로 이루어진 기관이에요. 혈액을 '펌프질' 해서 몸 전체에 산소를 공급하는 역할을 하죠. 그러니 심장이 호흡 기관인 폐 가까이에 위치한 것은 아주 바람직한 일이에요. 심장은 가슴 왼편에 있다고 알려져 있지만 정확한 정보는 아니에요. 사실 심장은 양쪽 폐의 중앙에 위치해 있는데, 심장의 하단부가 왼쪽으로 치우쳐 있답니다. 그래서 왼쪽 가슴에서 심장 박동 소리가 더 잘 들리는 것이지요. 그런데 왼쪽으로 치우친 심장의 위치는 다른 기관에도 영향을 미쳐요. 왼쪽 폐가 오른쪽 폐보다 크기가 더 작은 이유가 바로 심장 때문이거든요!

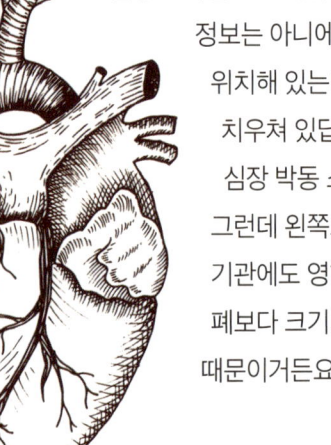

혈압을 알려 주는 수은

혈압은 **수은주밀리미터** (mmHg) 단위의 두 가지 수치로 표현돼요. 예를 들어 혈압을 쟀을 때 '120/80'이라는 수치가 나왔다면, 둘 중 큰 수치인 120은 심장이 수축할 때의 압력이고, 작은 수치인 80은 심장이 이완할 때의 압력이에요. 최초의 혈압계는 눈금이 매겨진 유리관에 수은을 담아 놓은 형태로 되어 있었어요. 그 유리관을 혈관에 삽입해 압력의 변화에 따라 달라지는 수은의 높이로 혈압을 측정하는 방식이었지요.

사랑의 두근거림

사랑이라는 감정은 심장에서 생기는 게 아니에요. (뇌와 호르몬의 역할이 더 크죠!) 하지만 사랑을 할 때의 감정은 심장의 박동에 영향을 주며, 두근두근 심장 박동이 빨라지는 현상이 나타나요. 뇌가 아드레날린 같은 신경성·호르몬성 메시지를 심장에 보내기 때문이에요. 성관계를 나눌 때 심장은 마치 계단을 두세 단씩 성큼성큼 올라갈 때와 같은 상태가 돼요. 성적 흥분이 최고조에 달할 때 분비되는 옥시토신은 스트레스를 줄여 주는 효과도 있죠. 그래서 성관계는 심장병의 위험을 줄여 주는 신체 활동 중 하나로 꼽히기도 한답니다!

놀라운 생명의 세계

이중 작업

혈액은 심장과 폐 사이를 오가는 소순환(폐순환)과 온몸을 도는 대순환(체순환)을 하는데, 이 두 순환을 이어 주는 다리의 역할을 하는 것이 바로 심장이에요. 심장의 왼쪽이 산소가 풍부한 혈액을 몸으로 내보내는 동안, 심장의 오른쪽은 혈액에 산소를 다시 채우는 일을 맡는 것이죠. 태아의 심장은 뇌의 산소 공급을 돕기 위해 좌우가 완전히 분리되지 않은 상태로 존재하는데, 태어난 뒤에는 이러한 특징이 사라진답니다.

호흡량

우리는 안정 상태에 있을 때 1분에 약 6리터의 공기를 호흡해요.

실연을 하면 정말 아플까?

우리는 '실연의 아픔'이라는 말을 흔하게 사용하지요. 하지만 실제로 실연은 그 어떤 신체적 고통도 일으키지 않는답니다. 실연을 겪은 사람들의 뇌를 MRI로 관찰해보면 신체적 고통과 관련된 영역에서는 어떤 비정상적인 활동도 나타나지 않기 때문이에요. 대신 실연은 코르티솔이나 아드레날린처럼 스트레스에 관계된 호르몬을 분비하고, 이로 인해 구토나 숨이 막히는 느낌, 심장 박동이 느려지는(심근병증) 등의 증상이 나타날 수 있어요. 심할 경우 죽음에까지 이를 수도 있는 것이죠!

크기의 차이

사람의 심장이 300그램 정도인 것에 비해 기린의 심장은 11킬로그램이나 돼요. 목이 길어서 혈액을 머리까지 보내려면 강한 펌프 운동이 필요하기 때문이랍니다.

심박 수

심박 수는 심장이 분당 뛴 횟수, 다시 말해 1분 동안 심장이 수축한 횟수를 말해요. 안정적인 상태를 기준으로 했을 때 사람은 분당 70회인데, 생쥐는 500회가 넘는대요!

심장 소리

심장은 네 개의 공간으로 이루어져 있어요. 위쪽의 두 공간은 심방, 아래쪽의 두 공간은 심실이에요. 심방과 심실들은 얇은 판막으로 경계가 지어져 있고, 심장으로 들어오는 혈관에도 판막이 있어서 피가 거꾸로 흐르는 것을 막아 주지요. 판막은 닫힐 때 소리를 내는데, 청진기로 듣는 심장 소리가 바로 그 소리예요.

1+1=1 : 생식과 복제

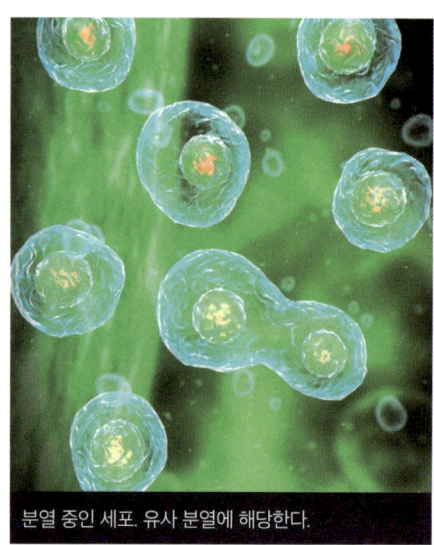

분열 중인 세포. 유사 분열에 해당한다.

성장을 위한 분열

세포 분열은 하나의 세포가 똑같은 두 개의 세포로 나누어지는 현상이에요. 모든 생물은 성장과 재생을 위한 세포 분열을 필요로 하며, 세균 같은 일부 생물은 번식을 목적으로 분열하기도 합니다 (무성 생식).

두 세포로 하나의 배아를 만들다

유성 생식은 수정, 즉 암컷과 수컷 생식 세포(배우자)가 만나서 하나의 배아를 만들어내는 과정이에요. 사람의 경우 수정은 난자와 정자 사이에서 일어나고, 꽃식물에서는 암술의 밑씨와 수술의 꽃가루 사이에서 일어나지요. 그렇다면 서로 다른 두 종 사이에서 수정이 일어나면 어떻게 될까요? 노새(암말+수탕나귀)나 클레멘타인(만다린+오렌지) 같은 잡종 개체가 만들어진답니다.

쪼개져라, 얍!

아주 작은 크기의 몇몇 동물은 몸을 스스로 둘로 쪼개고 재생시키면서 번식해요. 강장동물인 히드라가 대표적인 예에요.

하나에서 넷으로

2개(2n)의 염색체가 1쌍씩 존재하여 상동 염색체를 가진 생물을 **이배체 생물**이라고 해요. 이배체 생물은 분열 과정을 두 번 거치는 감수 분열을 통해 유전 정보의 절반을 지닌 생식 세포를 만들어내지요. (이때 절반이 된 유전 정보는 이후 수정을 하며 다시 온전해져요.) 우선 세포가 염색체를 복제하면 염색체는 모양과 크기가 같은 한 쌍의 상동 염색체끼리 접합해요. 1차 분열에서 만들어진 2개의 세포에는 복제된 그 상동 염색체 쌍 중에 하나씩만 자리 잡아요. 이어서 진행되는 2차 분열에서는 상동 염색체가 두 가닥으로 나누어져 각기 다른 세포로 가게 되지요. 그 결과 이배체 모세포 하나에서 출발해 반수체(이배체와 달리 염색체가 1개만 존재) 딸세포 4개가 만들어지는 거예요. 이 반수체 딸세포들이 바로 생식 세포랍니다.

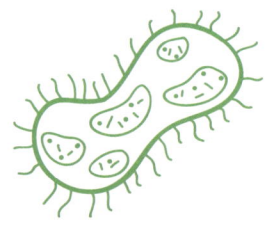

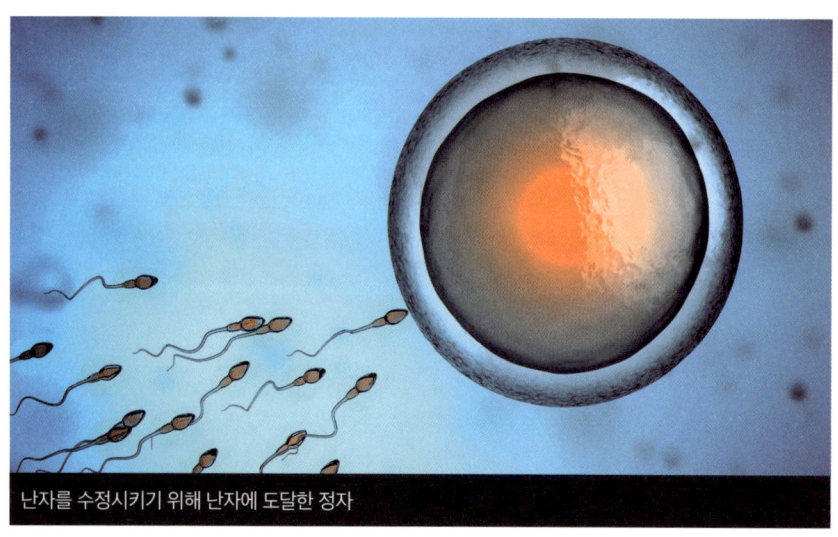

난자를 수정시키기 위해 난자에 도달한 정자

놀라운 생명의 세계

감수 분열의 오류

두 차례의 분열과 조합이 진행되는 **감수 분열**에서는 치명적인 오류가 발생하기도 합니다. 염색체가 접합할 때 유전자가 중복되거나 삭제될 수도 있고, 염색체 쌍이 정확하게 분리되지 못할 수도 있기 때문이에요. 그 결과 2개가 있어야 할 상동 염색체가 3개 존재하는 세염색체증이나, 하나만 있는 홑염색체증이 나타나요. 다운증후군(21번 염색체가 3개), 파타우증후군(13번 염색체가 3개), 클라인펠터증후군(X염색체가 하나 더 있음), 터너증후군(X염색체가 하나 부족하거나 불완전함), 고양이울음증후군(5번 염색체의 일부가 없음) 등이 그로 인한 질환이지요.

임신을 돕다

1978년 7월 25일에 영국에서 태어난 루이즈 브라운은 **인공 수정**에 의한 최초의 '시험관 아기'예요. 인공 수정은 불임 문제를 해결하기 위해 개발된 기술로, 성공률은 20퍼센트나 된답니다. 오늘날 출산 35건 중 1건은 인공 수정의 결과물일 만큼 대중화되었어요.

엄마와 똑같은 딸!

복제는 유전적으로 동일한 개체를 만드는 것을 말해요. 유전 형질은 버섯이나 일부 식물, 일란성 쌍둥이의 경우처럼 자연적으로 똑같을 수도 있고, 꺾꽂이 재배나 미생물 배양에서처럼 인공적으로 같게 만들 수도 있어요. 1996년에 태어난 암양 돌리는 최초의 복제 포유동물이에요. 수정 없이 세포 하나를 배아로 만드는 방식으로 태어났으며, 어미 양과 동일한 유전 형질을 가지고 있었답니다.

정자의 GPS

정자의 편모, 즉 꼬리는 어떤 일을 할까요? 정자의 편모는 빠르게 이동할 수 있도록 도와주고, 정자를 난자까지 가게 해 주는 '분자 모터'를 지녔어요.

윤리의 문제

그러나 사람의 생식 활동을 과학적으로 다루는 일은 다양한 윤리적 문제를 일으킬 수 있어요. 아직까지 **인간 복제**는 금지되어 있지만 줄기세포의 연구 및 활용, 대리모 임신, 인간의 유전자 변형 등에 관한 법은 나라마다 큰 차이가 있지요.

완전히 똑같을 수 있을까?

바이러스의 습격

아주 작은 생물

바이러스는 미생물의 일종이지만, 세균이나 원생동물과는 구분되는 나노미터(1미터의 10억분의 1) 단위의 아주 작은 병원체예요. DNA나 RNA 형태의 유전 물질과 '캡시드'라고 불리는 껍질로 이루어져 있으며, 캡시드는 게놈을 보호하고 숙주 세포에 달라붙는 역할을 하지요. 이 캡시드는 외피라고 하는 막으로 둘러싸이기도 하는데, 이 외피는 대부분 숙주 세포에서 떨어져 나올 때 숙주 세포의 막을 두르고 나온 것이랍니다.

독감 바이러스

전 세계에서 가장 유명한 유행성 감기는 1918년에 발생한 '스페인 독감'이에요 (스페인에서 처음 언론화되면서 그런 명칭이 붙었어요.). 스페인 독감의 병원체는 H1N1형 인플루엔자바이러스로, 유럽에서만 수천만 명이 목숨을 잃었어요. 인플루엔자바이러스는 기도에서 증식하면서 호흡기에 특히 큰 영향을 미치지요.

오래 걸린 발견

바이러스는 과학자들 사이에서 오랫동안 미스터리였어요. 1898년에 네덜란드의 미생물학자 마루티누스 베이제린크가 '살아 있는 액성 전염 물질'이라는 표현으로 바이러스의 개념을 제시했으나 명확하진 않았어요. 실제 바이러스를 처음 추출해 낸 사람은 미국의 생화학자인 웬들 스탠리로, 1935년에 '담배모자이크바이러스'를 결정체로 분리하는 데 성공했고, 그것이 주로 단백질로 구성되었음을 밝혀내 1946년에 노벨 화학상도 받았답니다.

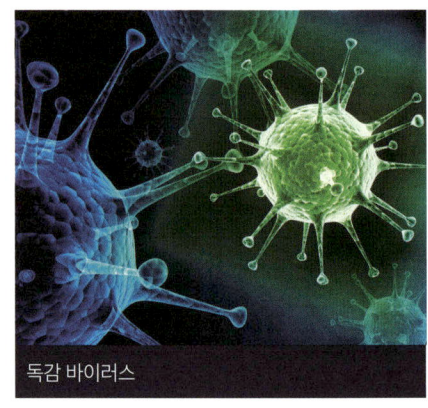

독감 바이러스

살아 있는 세포를 이용하다

바이러스는 혼자서는 증식하지 못하는 '절대 기생 생물'이에요. 살아 있는 세포에 들어가서 그 세포의 물질과 에너지를 빌려야만 증식할 수 있는 것이죠. 바이러스는 사람과 동식물의 세포에는 물론이고 세균에도 기생이 가능해요. 바이러스에 감염된 세포는 정상 상태로 돌아갈 수도 있고, 파괴되거나 바이러스 생산 세포로 변형될 수도 있어요.

놀라운 생명의 세계

외막의 유무

바이러스에 **외막**이 있는지 없는지 여부는 바이러스의 저항성과 감염 방식에 직접적인 영향을 미쳐요. 예를 들어 외막이 있는 바이러스는 생물 외부에 있을 때는 저항성이 약하고, 소화 기관에서 쉽게 소화될 수 있어요. 직접적인 접촉이나 흡입을 통해 감염되며, 날씨가 추울 때 잘 감염돼요. '외막형 바이러스'에 의한 질병은 다음과 같아요.

- 유행성 감기
- 헤르페스
- 광견병
- 유행성 이하선염

그에 비해 외막이 없는 '나출형 바이러스'는 저항성이 훨씬 강해서 생물 외부에서도 며칠씩 생존할 수 있어요. 위생 상태가 나쁘거나 날씨가 따뜻할 때 잘 감염되지요. 다음 예들이 나출형 바이러스에 속해요.

- 엔테로바이러스
- 로타바이러스
- 파필로마바이러스
- A형간염바이러스

특별한 바이러스

2008년, 프랑스의 생물학자 디디에 라울과 그 연구진은 **스푸트니크**라는 이름의 바이러스를 발견했어요. 이 바이러스는 특별한 점이 있었어요. 스푸트니크는 세포가 아닌 거대 바이러스에 기생해요. 바이러스의 바이러스가 존재하는 거예요!

바이러스에 기생하는 스푸트니크바이러스를 모형화한 것

거대 바이러스의 출현

2003년, 학자들은 아메바에서 굵기가 0.5 마이크로미터 정도 되는 **거대 바이러스**를 발견했어요. 문제의 바이러스는 유전자가 2500개나 되는 엄청난 양의 유전 물질을 가지고 있었고(인플루엔자바이러스의 유전자는 보통 10개 정도예요.) 그중에는 알려지지 않은 유전자도 포함되어 있었어요. 그래서 이 거대 바이러스는 처음에는 세균으로 간주되었으나, DNA 서열을 비교하는 연구에서 바이러스라는 사실이 밝혀졌답니다. 수천 개의 유전자를, 그것도 90퍼센트 이상은 알려지지 않은 유전자를 지닌 바이러스가 존재할 수 있는 거예요! 거대 바이러스는 지난 10년간 다양한 환경에서 발견되었으며, 2015년에는 시베리아의 얼어붙은 땅에서도 발견되었어요.

바이러스와 모기

모기는 사람이 감염될 수 있는 플라비바이러스 계열의 바이러스를 옮기는 매개 동물이에요. 가령 뎅기열바이러스는 두통과 구토, 관절통 그리고 경우에 따라서는 출혈을 일으켜요. 치쿤구니야바이러스는 근육통과 관절통을 초래해요. 조류에 침입해 모기를 통해 옮겨지는 웨스트나일바이러스는 고열과 신경학적 증상을 부르고, 황열바이러스는 독감이나 뎅기열, 말라리아의 증상을 유발하지요.

사라진 바이러스

홍역의 원인인 모르빌리바이러스는 2016년 9월 27일 이후 아메리카 대륙에서 완전히 사라진 것으로 발표되었어요.

세균 : 30조가 넘는 우리의 친구

세균과 슈퍼 박테리아

'박테리아'로도 불리는 세균은 알려진 모든 지구 환경에 존재하는 마이크로미터 단위의 미생물로, 대개는 하나의 세포로 이루어져 있어요. 한 개의 염색체를 가지고 있으며, 자유롭게 변형되고 전달될 수 있는 '플라스미드'라는 DNA 조각을 가진 경우도 존재해요. 이 플라스미드가 항생제에 내성을 지닌 일명 '슈퍼 박테리아'를 만들어내는 거예요.

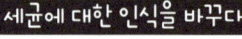

세균에 대한 인식을 바꾸다

과거에 세균은 그저 사람에게 질병을 주는 나쁜 병원균으로 여겨졌지만, 파스퇴르의 연구 덕분에 우리는 세균의 역할을 제대로 이해할 수 있게 되었어요. 물론 세균이 결핵이나 콜레라 같은 심각한 질환의 원인인 것은 사실이에요. 하지만 세균은 유기물의 분해와 물의 자정 작용, 발효 현상, 생물의 영양 활동(특히 플랑크톤에서) 등에도 도움이 되며, 따라서 넓게는 '물질의 순환'에도 관여한답니다.

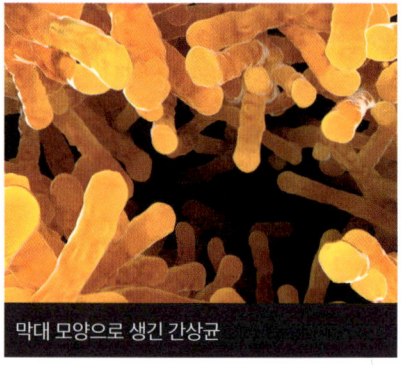

막대 모양으로 생긴 간상균

둥근 모양인가, 막대 모양인가?

세균은 생김새에 따라 명칭이 정해져요. 예를 들어 간상균은 막대 모양이고, 연쇄 상구균은 사슬 모양, 포도 상구균은 포도송이 모양이지요. 위험한 세균인 황색 포도 상구균은 이름대로 황색 색소를 가지고 있어요. 이동성을 주는 섬모의 유무도 세균을 구별하는 기준이 됩니다.

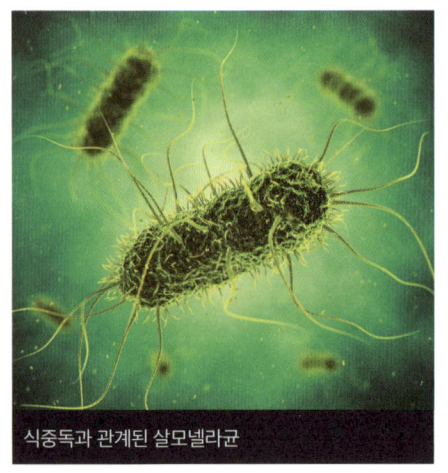

식중독과 관계된 살모넬라균

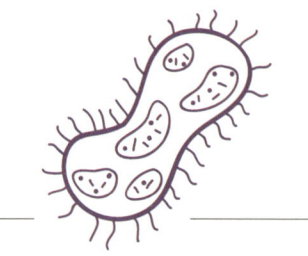

귀중한 대장균

2016년에 쥐를 대상으로 실험한 결과, 화학 요법을 통한 항암 치료 시에 대장균을 섭취하면 치료 효과가 높아지는 것으로 밝혀졌어요. 따라서 사람의 경우에도 장내 세균이 암의 악화를 막을 수 있는지에 대한 연구가 진행되고 있답니다.

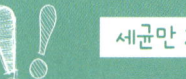

세균만 2kg

최근 연구에 따르면 사람의 몸속 세균은 30조 마리가 넘는다고 해요. 세포의 개수만큼 많다는 말이지요. 700종이 넘는 그 세균들을 무게로 따지면 무려 2킬로그램이나 된대요!

놀라운 생명의 세계

세균은 우리의 조상

세포에서 **미토콘드리아**는 인체에 필요한 에너지(ATP)를 생산하는 일을 맡아요. 미토콘드리아의 분포는 조직에 따라 다른데, 예를 들어 적혈구에는 없고 근육 세포에는 아주 많이 있지요. 이 미토콘드리아의 형태와 구조 등을 살펴볼 때, 미토콘드리아도 원래 세균이었던 것으로 추측하고 있어요. 20억 년 전에 세포에 잡아먹힌 뒤 세포와 공생하게 되면서 생물의 일부로 자리 잡게 된 것으로 보여요.

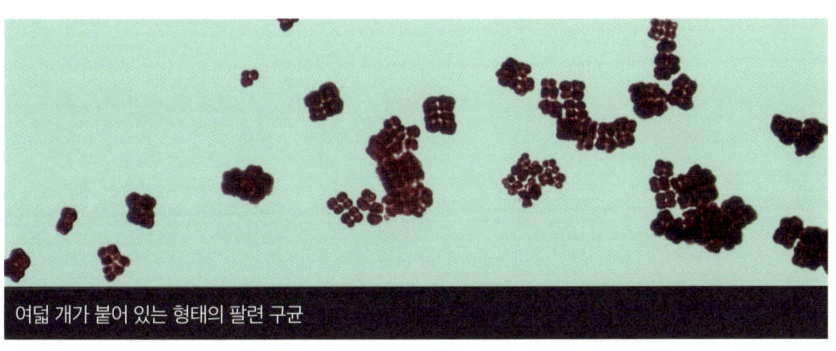

여덟 개가 붙어 있는 형태의 팔련 구균

아주 쓸모 있는 세균!

우리 몸속에 살고 있는 세균은 우리를 **보호하는 역할**을 해요. 먼저 자리를 차지하고 앉아서 외부에서 들어온 다른 세균들이 살기 힘든 환경을 만들어놓기 때문이지요. 몸속 세균은 비타민을 생성할 수도 있으며, 장내 세균의 80퍼센트를 차지하는 대장균은 영양소를 분해하면서 소화를 돕기도 해요. 그래서 최근에는 과도하게 위생적인 환경이나, 항생제를 너무 많이 사용하는 것이 오히려 위험하다고 여겨지고 있어요. 우리에게 좋은 세균까지 몽땅 죽어 버리기 때문이지요.

세균을 죽이는 바이러스

제1차 세계대전 중에 개발된 치료법이 있어요. 바로 파지 요법이라고 하는데, '박테리오파지'라는 바이러스를 이용한 치료법이에요. 자연과 생물에 널리 존재하는 박테리오파지는 사람에게 병을 일으키지 않는 바이러스로서, 인간이 접근하기 힘든 위치(뼈, 관절 등)에 있는 세균까지 알아보고 제거할 수 있답니다.

유전자 변형 세균

세균의 게놈에 사람의 유전자를 삽입한 **유전자 변형 세균**을 이용하면, 사람의 인슐린을 생산할 수 있어요. 인슐린은 당뇨병 같은 일부 질환을 앓는 환자에게 꼭 필요한 호르몬이에요. 세균이 인간의 목숨을 살릴 수 있게 된 거예요! 2016년에는 심해 생물의 몸속에 사는 발광 세균의 유전자를 얕은 물에 사는 세균에 삽입하면 이 세균 역시 빛을 내는 성질을 지닐 수 있음이 확인되기도 했어요. 언젠가 전기 없이 세균으로 가로등을 켜는 날이 올지도 몰라요!

미생물학자 토마스 브록이 미국 옐로스톤 공원에서 따뜻한 수원 근처에 서식하는 써모필러스균을 채취하고 있다.

똑똑한 동물들

인간 대 동물

과거에는 아이큐 등을 측정하는 방식으로 **동물의 지능을** 연구했어요. 하지만 최근 30년 사이에 동물의 지능 연구는 단순한 측정을 벗어나, 각 종이 처한 상황에 맞추어 어떤 능력을 발휘하는지를 연구하게 되었지요. 예를 들면 동물은 무엇을 얼마나 기억할 수 있는지, 특정한 상황에서 어떤 선택을 하는지 등이에요. 이제 동물은 더 이상 인간과 기계적으로 비교되지 않으며, 많은 면에서 인간을 뛰어넘을 때도 있는 존재로 인정받고 있지요.

뛰어난 전략가

동물이 환경에 **적응**하는 능력은 지능을 보여 주는 요소 중 하나예요. 실제로 동물의 행동은 선천적인 것이나 본능적인 것(번식을 위한 구애, 겨울잠 등)만 있는 게 아니라 학습으로 익힌 것이나 직접 '생각해 낸' 것도 있어요. 많은 동물이 전략을 세우고, 도구를 이용하고, 환경에 맞게 도구를 쓸 줄 알죠. 예를 들어 도시에 사는 바람까마귀는 단단한 껍질의 열매를 차도에 던져 놓고 자동차가 지나가며 바퀴로 껍질을 까도록 유도해요. 그러고서 차들이 모두 멈추는 빨간불 신호를 기다렸다가 안전하게 알맹이를 가지러 간답니다!

바람까마귀

동물의 감정

감정을 느끼는 능력인 '감응력'의 개념은 이제 동물에도 적용돼요. 동물을 관찰한 결과, 동물도 기쁨이나 슬픔, 고통을 느낀다는 사실이 밝혀졌거든요. 그들도 인간처럼 감정이 있다는 증거예요.

자신을 인식하다

동물이 자기 자신을 인식하는 **자의식**을 가졌는지 알아보려면, 거울 앞에 있을 때의 모습을 관찰하면 돼요. 예외의 경우도 있지만 돌고래와 코끼리, 까마귀, 범고래 그리고 그 밖의 많은 동물이 거울에 비친 모습이 자신임을 알아차리는 것으로 드러났어요. 특히 침팬지는 자기 눈으로는 볼 수 없는 자신의 등이나 입속을 거울로 관찰하기까지 했어요!

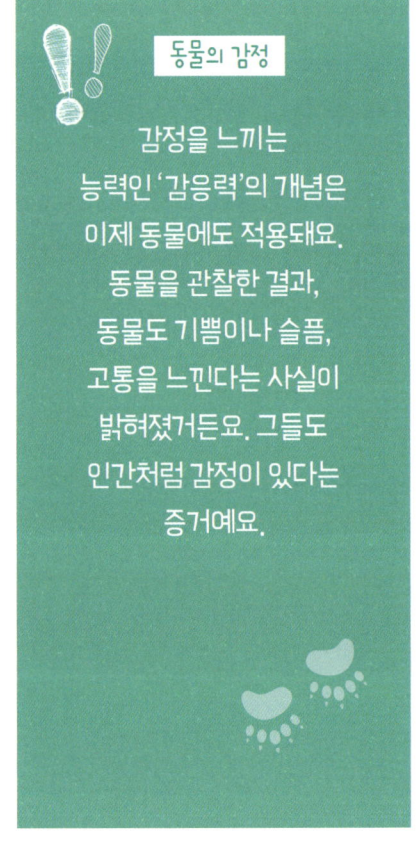

사회를 이루다

많은 동물이 안전을 위해, 사냥을 위해 인간처럼 **사회**(무리)를 이루어 협력을 하곤 해요. 그들 중에는 남을 배려하는 동물도 있어요. 예를 들어 박쥐는 사냥에 실패한 다른 박쥐를 위해 자신이 먹은 것을 일부 토해서 나눠 주며, 침팬지는 고아가 된 새끼를 데려다 키우고, 제비는 다른 제비가 다치면 도와주러 간답니다.

놀라운 생명의 세계

동물의 기억력

오랫동안 동물은 **기억력**이 거의 발달하지 않은 것으로 여겨졌지만, 연구 결과 동물도 분명히 기억력이 있음이 밝혀졌어요. 예를 들어 침팬지는 일련의 숫자와 그림을 사람보다 더 잘 기억하고 (단기 기억), 말벌은 집 주변에 있는 사물을 기억해 뒀다가 집으로 돌아오며(중기 기억), 코끼리는 자신이 만난 모든 얼굴을 기억한대요(장기 기억). 물고기 중에는 부화한 지 수년이 지난 뒤에 자기가 태어난 고향으로 다시 돌아오는 종도 있지요. 때로는 수천 킬로미터 거리를 지나서 말이에요!

남을 인식하다

다른 개체의 생각과 의도를 **이해하는 능력**은 공감을 가능하게 하며, 어떤 목표에 도달하기 위한 다양한 전략도 세울 수 있게 해 줘요. 예를 들어 원숭이는 싸움에서 진 개체를 위로하고, 다른 원숭이를 아프게 하는 행동은 중단합니다. 또한 많은 동물이 포식자에게 잡아먹히지 않으려고 죽은 척을 하지요.

문화의 인정

2015년, 이동성 야생 동물종의 보존에 관한 협약에서는 동물에게도 문화가 있음을 공식적으로 인정했어요. 동물의 **문화**에는 후천적으로 학습된 행동뿐만 아니라 지역적으로 나타날 수 있는 습성도 포함돼요. 예를 들어 탄자니아 마할레 지역의 침팬지는 동물로서는 드물게 악수를 하고, 염소들은 무리마다 고유한 '사투리'가 있대요. 이 같은 동물들의 문화는 이제 보호해야 할 대상이 되었으며, 전 세계 120개국이 그 의무를 이행하겠다고 서명했답니다.

동물의 의사소통

동물도 자기들끼리 **의사소통**을 해요. 예를 들어 돌고래는 특정 개체를 부를 때 이름을 부르듯이 해당 개체에 고유한 휘파람 소리를 내요. '코코'라는 이름의 암컷 고릴라는 1000개가 넘는 신호를 배워서 사람과 의사소통을 나누었으며, 특히 슬픔이나 죽음 같은 추상적인 주제에 대해서도 자신의 감정을 표현했지요.

돌고래는 놀라운 의사소통 능력을 지녔다.

코끼리는 왜 그렇게 큰 귀를 가졌을까?

진화는 우연의 산물

동물이 시간의 흐름에 따라 진화하는 것은 유전자의 전달과 조합, 변이, 적응 등 다양한 과정에 개입되는 우연성 때문이에요. 때로는 놀라운 결과가 나타날 수도 있지만, 동물이나 자연 자체의 어떤 의도에 따라 일어나는 일은 아니라는 뜻이죠. 예를 들어 먹이가 부족한 시기가 찾아왔다고 가정해 볼게요. 이때 새로운 종류의 먹이를 소화할 수 있는 개체들은 그렇지 않은 종에 비해 생존에 유리하겠지요. 따라서 살아남은 개체의 특징, 즉 새로운 먹이를 소화하게 해 주는 형질이 전달되면서 종이 진화하게 되는 거예요. 반추동물(소, 양, 사슴, 라마, 기린 등)이 식물의 섬유소를 완전히 소화할 수 있는 네 개의 방으로 이루어진 위를 갖게 된 것도 그 같은 과정의 결과랍니다.

보츠와나의 아프리카코끼리

코끼리의 귀

사바나 지역에 사는 **아프리카코끼리**는 1미터가 넘는 귀를 가졌는데, 그 커다란 귀는 체온을 떨어뜨려 주는 역할을 해요. 그에 비해 아시아코끼리는 정글에서 상처를 적게 입을 수 있는 작은 귀를 가지고 있지요. 아프리카코끼리와 아시아코끼리는 서로 가까운 종이지만 지리적으로 멀리 떨어진 곳에서 개별적으로 진화해 왔으며, 두 종 사이의 교배로는 번식이 불가능해요.

남아프리카에 서식하는 흰코뿔소

대륙별 코뿔소

전 세계에 코뿔소는 총 다섯 종이 존재하고 있어요. 아프리카에 서식하는 흰코뿔소와 검은코뿔소, 아시아에 서식하는 수마트라코뿔소, 자바코뿔소, 인도코뿔소가 그것이에요. 다섯 종은 수만 년에 걸쳐 개별적으로 진화해 왔어요.

놀라운 생명의 세계

낙타의 능력

낙타과 동물인 **낙타**는 종에 따라 다른 특징을 지니고 있어요. 우선 쌍봉낙타는 지방이 저장된 혹이 두 개가 있고, 30센티미터에 이르는 길고 빽빽한 털을 가지고 있어서 온도가 낮은 유라시아 스텝 지역에서도 살 수 있어요. 그에 비해 '아라비아낙타'로도 불리는 단봉낙타는 하나의 혹과 긴 다리, 짧은 털을 가졌으며, 더운 사막에 살아요. 하지만 종에 상관없이 모든 낙타는 건조한 기후를 아주 잘 견디는 동물이에요. 수분 손실을 막고(농축된 소변, 마른 대변, 수분을 지키는 호흡 방식 등) 체온을 큰 폭으로 조절할 수 있는 능력 덕분이지요. 또한 낙타는 혈구도 특이한 형태로 되어 있어요. 그래서 몇 주간 물을 못 마시다가 한꺼번에 150리터를 마셔도 혈구가 파괴되지 않는답니다!

북극에 사는 북극곰

흰곰과 갈색곰

북극을 뜻하는 'Arctic(아크틱)'은 그리스어로 '곰들의 땅'을 의미하는 단어에서 유래했어요. 북쪽을 가리키는 별자리인 큰곰자리 때문에 붙은 명칭이지요. 그리고 북극은 실제로도 곰들의 땅이랍니다. 북극곰이 살고 있으니까 말이에요. 북극곰의 흰색 털은 얼음과 눈이 많은 북극 환경에 적응한 결과로, 눈 위에서 보호색의 역할을 하지요. 대신 털 속에 숨겨진 북극곰의 피부는 태양열을 효과적으로 흡수할 수 있도록 검은색을 띠고 있어요. 북극은 구할 수 있는 먹이가 제한적이지만, 북극곰은 물갈퀴가 있는 발과 빛을 반사하는 털을 활용해 바다표범을 능숙하게 사냥해요. 북극곰의 사촌 격인 큰곰은 짙은 갈색의 털을 지녔어요. 열매, 물고기, 버섯 등을 가리지 않고 먹는 잡식성으로, 겨울이 다가오면 겨울잠을 자는 동안 소모할 영양분을 저장하기 위해 다량의 먹이를 먹어요.

동물의 독은 무조건 해로울까?

해파리, 곤충, 개구리 등 지구상에서 **독을 가진 동물**은 15만 종이 넘어요. 동물의 독은 500가지 이상의 효소와 독소가 합쳐진 것으로, 마비나 조직 괴사, 출혈, 혈액 응고 등을 일으켜요. 그런데 동물의 독이 무조건 해롭기만 한 것은 아니에요. 실제로 유럽에서는 통증과 당뇨병, 고혈압, 암 등을 치료하기 위한 새로운 의약품의 개발을 목적으로 동물의 독에 든 수많은 독소 성분을 연구하는 '베노믹스(Venomics)' 프로젝트가 진행되고 있답니다.

뱀독

뱀의 경우 20가지 이상의 유전자가 독의 생성에 관여해요. 뱀의 독은 먹잇감을 마비시키는 역할을 할 뿐만 아니라, 몸집이 아주 큰 동물도 쉽게 소화할 수 있게 해 주지요.

극한 환경에서 사는 생물들

그런 곳에서도 살 수 있다고?

생명은 때때로 생물이 살 수 없다고 여겨지는 극한 환경에서도 발견되곤 해요. 극한 환경 생물에 관한 연구는 기술적·의학적 목적으로 활용될 수 있으며, 우리가 생명에 대해 가지고 있는 생각 자체와 생명의 출현 조건에 대한 연구의 폭도 넓혀 줄 수 있답니다.

태평양 해저에서 촬영된 열수 분출공(블랙 스모커)

강인한 생명력을 지닌 세균

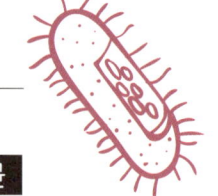

데이노코쿠스 라디오두란스는 감마선을 이용한 살균에도 견디는 세균으로, 1956년에 처음 발견되었어요. 분홍빛을 띠는 이 세균은 인체에는 무해하며, 살균된 수술용 칼에서부터 남극의 바위에 이르기까지 곳곳에 존재하지요. DNA 복구 능력이 뛰어나서 여러 극한 조건(자외선, 방사능, 건조, 산성, 고온, 진공 등)을 견딜 수 있어요. 데이노코쿠스 라디오두란스가 활용될 수 있는 분야는 매우 다양해요. 오염된 토양 처리(생물 정화), 의약품 생산, 생체 재생, 그리고 DNA를 이용한 저장 장치까지!

온도가 높아도 괜찮아!

호열성 생물은 45도씨에서 90도씨가 넘는 뜨거운 환경에서 살아가는 생물이에요. 특수하게 변형된 세포막과 변성이 잘 안 되는 치밀한 단백질 구조(익히면 단단해지는 달걀흰자 같은)를 가지고 있기 때문이랍니다.

바다 깊은 곳

1970년대에 처음 발견된 열수 분출공은 심해에서 300도씨가 넘는 뜨거운 물을 분출하면서 굴뚝처럼 검은 연기를 내뿜는 구조물이에요. 열수 분출공 주변으로는 산소도 빛도 없는 고온·고압의 산성 환경이 형성되는데, 그럼에도 불구하고 그곳에는 갑각류, 어류, 벌레 등 다양한 생물이 존재한답니다. 열수 분출공에서 분출되는 기체와 암석 부산물로 에너지와 영양분을 만들어내는 세균들이 다른 생물의 증식까지 도와주는 덕분이지요.

놀라운 생명의 세계

산꽃의 생존 전략

높은 산에 있는 고산 지대에서는 식물의 다양성이 줄어들어요. 땅이 얼었다 녹았다를 반복하고, 바람이 세고, 햇빛과 자외선이 강하고, 흙도 메말라 있는 등 환경이 열악하기 때문이지요. 그래서 고산 지대에 사는 식물은 생존과 번식을 위한 나름의 비결을 가지고 있어요. 바람을 적게 맞기 위한 작은 키, 자외선으로부터 보호되기 위한 짙은 색, 수분을 저장하기 위한 두꺼운 잎, 흙이나 바위에 깊게 내려진 뿌리 등이 그것이랍니다.

'물곰'으로도 불리는 완보동물

완보동물의 생명력

완보동물은 밀리미터 크기의 작은 무척추동물로, 생명력이 강하기로 유명해요. 오랫동안 신진대사를 멈춘 채 휴면 상태로 지낼 수 있으며, 수년간 냉동 상태에 놓였을 때에도, 아주 높은 온도에서 수분을 99퍼센트까지 잃었을 때도 살 수 있고, 심지어 우주 공간에서도 살 수 있어요! 2016년에 일본의 한 연구진은 완보동물의 DNA를 방사선과 건조한 환경으로부터 지켜주는 단백질을 발견했어요. 이 단백질을 이용하면 식품이나 약품의 저장 기술에 큰 변화를 가져올 수 있을 뿐만 아니라, 방사능 내성을 강화하는 방법을 개발하는 데도 도움이 될 것으로 보여요.

추위도 문제없어!

북극의 아주 차가운(영하 2도씨) 물속에 사는 어류에 대한 연구를 하던 학자들은 부동 단백질을 발견했답니다. 부동 단백질은 얼음이 어는 것을 막아주는 단백질로, 차가운 물에 사는 어류와 곤충(개미, 진드기 등)의 혈액, 얼음 위를 걸어 다니는 새의 발, 그리고 그 밖의 일부 식물과 세균에서 볼 수 있어요. 부동 단백질은 장기 이식 수술 때 얼음에 담가 두는 장기를 보호하는 용도로도 쓰이며, 냉동 식품의 보존 상태를 개선하거나 양식 물고기의 내한성을 키우는 데도 사용되고 있어요.

뭉쳐야 산다

이끼나 작은 식물처럼 생긴 지의류는 하나의 종이 아니라 여러 종이 함께 더불어 생활하는 형태랍니다. 균류와 세균, 혹은 균류와 조류의 공생 관계에 따른 결과물이지요. 서로의 생존에 필요한 요소를 제공함으로써 혼자서는 살 수 없는 환경에서도 살아가는 생명력을 갖는 거예요. 지의류는 어디에서나 볼 수 있기 때문에 어쩌면 화성의 암석에도 지의류가 있을지 모른다는 가설이 제기되고 있답니다.

땅을 뒤덮은 지의류

효소와 효모

현미경으로 본 소화 효소

촉매 반응과 효소

1830년에 프랑스의 화학자 앙셀름 파앵과 장 프랑수아 페르소는 맥아 추출액에서 녹말의 분해 과정에 촉매 작용을 하는 물질, 즉 자신은 그대로 있으면서 화학 반응의 속도를 빠르게 해 주는 물질을 발견했어요. 이 발견은 엄청나게 혁신적이었어요! 19세기부터 화학자들은 세포의 에너지와 물질 대사를 활발하게 해 주는 원인이 무엇인지 의문을 품고 있었거든요. 촉매 반응은 이미 알려져 있었으나 그것을 일으키는 '효소'가 발견된 것은 처음이었던 거예요. 그때부터 학자들은 촉매 반응을 실험실에서 연구할 수 있게 되었답니다.

세포의 톱니바퀴

효소의 발견은 생명의 비밀을 알아내고 생명의 기반이 되는 반응들을 이해할 수 있게 도와주었어요. 그리고 효소의 특성도 조금씩 밝혀졌지요. 종류마다 각기 정해진 하나의 반응에 촉매 작용을 하고, 농도가 약할 때도 효과를 발휘하고, 많은 생물에서 호흡이나 발효 같은 현상의 원인이 되고, 단백질에 속하고, 각각 하나의 유전자에 의해 발현되는 등……. '생화학'이라는 학문 역시 효소가 생명체 내부에서 어떤 반응을 일으키는지에 대한 연구에서 시작되었답니다.

맥주와 빵을 만드는 미생물

효모가 발효의 원인이 되는 미생물로 밝혀진 것은 1857년 파스퇴르의 연구 덕분이에요. 효모는 균류에 속하는 아주 작은 단세포 생물로, 사람의 세포를 연구할 때 단순화된 모형으로 많이 활용해요. 맥주나 빵을 만들 때 사용되는 맥주 효모와 빵 효모는 사카로미세스 계열의 효모예요. 그에 비해 베이킹파우더는 '화학적인' 효모로, 열과 습기를 만나면 산-염기 반응에 의해 이산화탄소를 만들어 내는 화합물로 이루어져 있어요. 그래서 빵을 만들 때 베이킹파우더를 쓰면 반죽이 빨리 부풀어 오르지요.

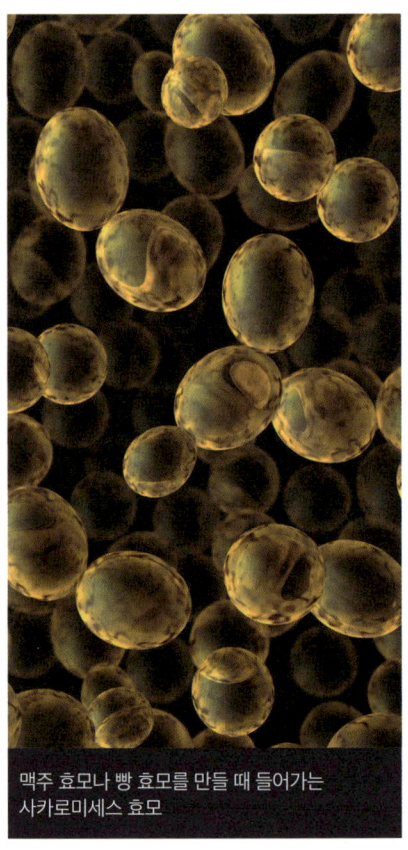

맥주 효모나 빵 효모를 만들 때 들어가는 사카로미세스 효모

놀라운 생명의 세계

발효와 근육통

발효는 포도당이 산소가 없거나 부족한 상태에서 불완전하게 분해될 때 발생하는 현상으로, 모든 생물에서 자연적으로 일어나는 화학 반응이에요. 예를 들어 순간적으로 힘을 많이 쓰면 근육 세포에서 발효가 일어나면서 젖산이 만들어지는데, 이 젖산이 근육의 피로와 통증의 원인이 되는 것이지요. 세균의 발효 작용은 음식(요구르트, 식초, 김치)을 만들 때 쓰이며, 장에서 소화를 도와주는 기능도 한답니다.

새로운 학문의 탄생

생화학은 세포에서 일어나는 화학 반응의 연구에서부터 출발해 생명 현상을 세세한 부분까지 이해하고 기술하기 위한 연구로 발전했어요. 생물의 생식과 자가 치료, 에너지(ATP) 관리 메커니즘 등을 화학적으로 연구하게 된 것이지요. 생화학적 지식은 인체의 정상적이거나 비정상적인 기능에 대해 이해하도록 돕고, 질병의 치료에 도움을 주며, 토양을 농사에 적합하게 만드는 기술이나 기생충의 제거, 식이요법의 결정 등에도 쓰여요. 또한 기술의 발전과 함께 생명 공학에 활용되면서 유전 공학이나 생물 정보학, 유전자 변형 생물 연구에도 기여하고 있지요.

디지털 이미지로 나타낸 효소

효소 산업

효소는 화학 반응의 **상업적 이용**을 가능하게 만들어 주면서 산업계에서도 다양하게 활용되고 있어요(화학 반응을 빠르게 일으키고, 화학 반응이 일어날 때 온도와 압력을 낮추고, 폭발 위험을 줄이고, 이로 인하여 비용을 줄일 수 있어요.). 오늘날 효소 시장은 세계적으로 수십 억 유로 규모에 달해요. 세제업계가 가장 먼저 효소로 인한 수익을 얻었고, 식품업계도 당분 생산(포도당 시럽), 제품의 보존, 불순물 제거(사과 주스를 만들 때 펙티나아제를 쓰면 과즙이 투명해져요.) 등을 위해 효소를 많이 사용하고 있어요.

녹색 화학

효모는 최초의 유전자 변형 생물 중 하나랍니다. 최근 새롭게 개발된 효모 균주는 농업 폐기물로 만든 에탄올 같은 생물 연료의 생산 비용을 줄이는 데 도움을 주며, 이산화탄소를 섬유나 화장품, 의약품 산업에 유용한 분자로 바꾸는 데도 활용되고 있어요. '녹색 화학'이란 바로 그런 친환경적인 화학 기술을 이르는 말이에요.

DNA와 분자 생물학

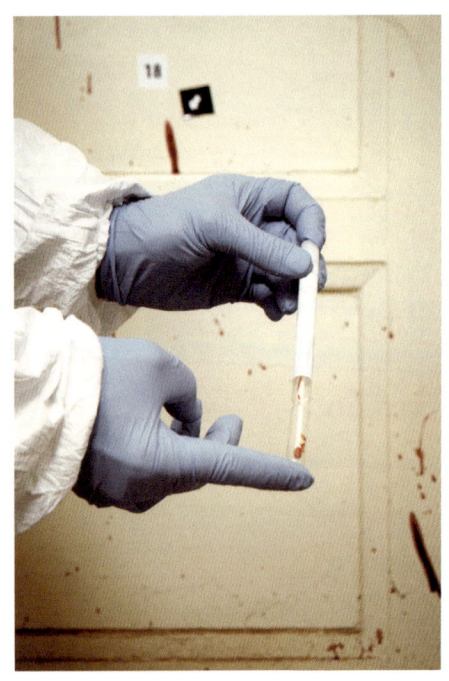

복제해서 관찰하다

분자 생물학에서 DNA 연구에 사용하는 기술 중에는 '유전자 증폭 기술'로도 불리는 PCR법이라는 것이 있어요. '중합 효소 연쇄 반응(Polymerase Chain Reaction)'의 약자로, 효소를 이용해 DNA 단편을 수백만 개까지 복제해서 DNA의 검출과 연구를 보다 쉽게 만들어 주는 기술이지요. PCR법은 과학 수사에 많이 사용되는데, 머리카락 한 올이나 핏방울, 우표 뒤에 남아 있는 소량의 침으로도 유전자 프로필을 얻을 수 있기 때문이에요. 그리고 다른 쓰임새도 많아요. 식품에 든 유전자 변형 물질 찾아내기, 혈액에서 바이러스 검출하기(에이즈바이러스, 간염바이러스 등), 화석 DNA 연구하기, 유전병에 영향을 주는 요인 분석하기……. 어때요, 정말 유용한 기술이지요?

유전자 코드란?

DNA를 이루는 네 종류의 염기가 수많은 단백질로 변화할 수 있는 것은 **유전자 코드** 덕분이에요. 세 염기로 이루어진 기본 단위(코돈)가 유전자 코드에 따라 배열되면서 각각의 단백질 합성에 필요한 아미노산이 만들어지는 것이지요. 서로 다른 여러 코돈이 동일한 아미노산을 지정할 수 있으며, 단백질 합성이 끝났음을 알리는 코돈도 있어요. 유전자 코드는 모든 생물의 게놈에 적용되는 보편적인 규칙이에요.

미세한 차이

침팬지나 고릴라 등 **대형 유인원**의 DNA가 사람과 98퍼센트 이상 일치한다는 사실을 알고 있나요? 그러나 DNA가 비슷하다고 해서 같은 종은 아니에요. 비슷한 유전적 변화를 겪었더라도 그 변화가 동일한 방식으로 발현되지 않을 수 있기 때문이지요. 예를 들어 학자들은 청각의 진화가 언어와 관련이 있다고 생각했는데, 실제로 청각은 사람과 고릴라에서 같은 도식을 따라 진화했어요. 고릴라는 사람처럼 언어를 구사하지 않는데도 청각이 발달한 거예요.

알록달록 염기

1970년대에 개발된 DNA **시퀀싱 기술**은 생물의 DNA를 구성하는 네 가지 염기(아데닌, 시토신, 구아닌, 티민)의 배열 순서를 밝혀 줘요. 그런데 요즘은 다른 기술이 사용되고 있어요. DNA를 복제하되, '복제 종료' 메시지를 내놓도록 변형된 염기를 추가하고, 이 염기를 선택적으로 연결하는 효소를 첨가하는 방법이에요. 변형 염기는 색깔이 달라지도록 처리되어 있어서 마지막 염기가 아데닌일 경우엔 초록색, 시토신일 땐 파란색으로 변해요. 다양한 단편들을 길이에 따라 나열한 뒤 각각의 마지막 염기 색깔을 확인하면 해당 DNA의 염기 서열을 정확히 알아낼 수 있답니다.

아주 다르지만 아주 비슷한

사람들은 서로 유전자상으로 1.2퍼센트 정도 차이가 난대요. 하지만 이는 DNA 전체를 기준으로 보면 고작 0.1퍼센트의 차이에 불과하답니다.

놀라운 생명의 세계

내 몸에도 변이가?

사람은 각자 수백 가지의 변이를 몸속에 지니고 있어요. 적어도 50가지는 유전병과 관련이 있지만, 그 질환이 반드시 나타나는 것은 아니니 안심하세요.

메시지 오류

DNA의 메시지는 '잉여성'을 띤다고 말하곤 합니다. 쓸데없이 불필요한 일을 한다는 뜻이지요. 코돈의 뉴클레오티드의 배열이 각각 달라도 똑같은 아미노산을 만들어 내기 때문인데요. 따라서 DNA가 아미노산 단계를 거쳐 단백질로 합성되는 과정에서 일부 오류는 드러나지 않을 수도 있어요. 문제가 되는 아미노산을 성분으로 만들어진 단백질은 나중에 그 기능이 변질될 수 있는데, 이러한 기능 변질은 종결 메시지의 오류로 단백질 합성이 조기에 중단되는 경우에도 나타납니다.

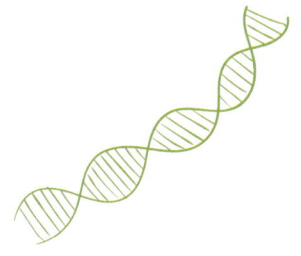

줄기세포와 미래의 의학

배아 줄기세포는 아직 분화되지 않은 '미분화' 상태의 세포로, 어떤 종류의 세포로든 변할 수 있다는 의미에서 '만능 세포'로 불립니다. 태아와 어린아이의 신체 발달에 따라 여러 세포와 조직으로 분화하며, 성인의 몸에는 극히 소량만 존재하지요. 줄기세포의 작용을 조절하는 분자 메커니즘을 이해하는 일은 21세기의 주요 쟁점 중 하나예요. 현재 줄기세포의 의료적 사용은 완전히 자유로운 단계는 아닌데, 그 이유는 줄기세포의 장점이 지닌 위험성과 특히 관련이 있어요. 계속해서 분열할 수 있는 능력이 결국 암을 유발할 수도 있기 때문이지요.

미래의 치료를 예고하다

아기를 낳을 때 탯줄에서 나오는 탯줄 혈액을 '제대혈'이라고 해요. 탯줄 혈액에는 줄기세포가 풍부하므로, 훗날 아이에게 질병이 발생했을 때 줄기세포를 이용해 치료를 할 수 있을지도 모르거든요. 아기 때 미리 추출해 둔 제대혈을 낮은 온도에서 오랫동안 보관해 주는 '제대혈 은행'도 있답니다.

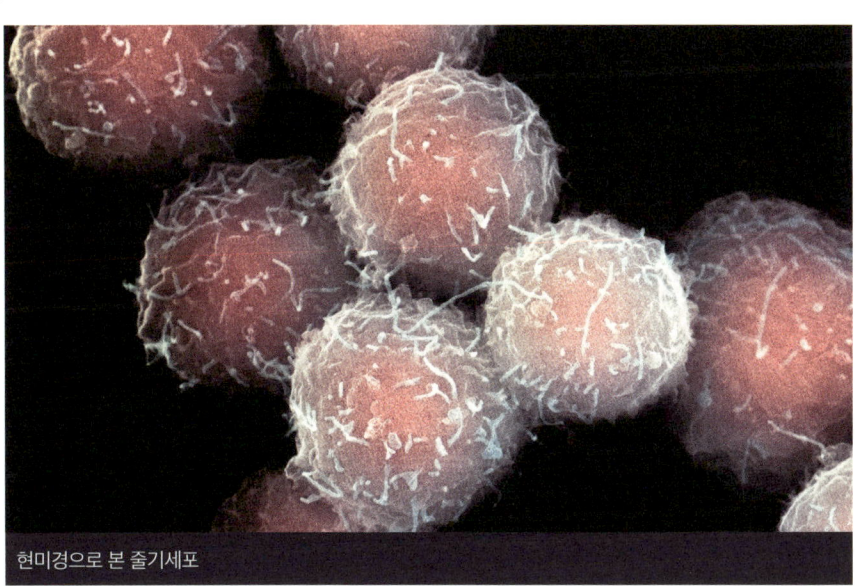

현미경으로 본 줄기세포

유전 공학

혁신적인 가위!

2012년, 프랑스의 유전학자 에마뉘엘 샤르팡티에와 미국의 생화학자 제니퍼 다우드나는 유전 공학에 있어 혁신적인 일을 해냈어요. '크리스퍼-카스9'이라는 이름의 **유전자 가위**를 개발했기 때문이에요. '크리스퍼(CRISPR)'라는 염기 서열과 '카스9(CAS9)'이라는 단백질로 이루어져 있다고 해서 그런 이름이 붙었어요. 이 유전자 가위를 이용하면 DNA를 아주 간단하면서도 정확하게 자를 수 있으며, 비용도 별로 들어가지 않는답니다.

유전자 치료 연구. 유전자 분석을 위해 분홍색 아데노바이러스를 식별하고 있다.

정밀한 절단

크리스퍼-카스9 유전자 가위의 원리는 세균이 바이러스를 막기 위해 구축한 면역 체계와 관련이 있어요. 크리스퍼가 세균의 DNA 내에서 예전에 감염되었던 정보를 바탕으로 바이러스성 DNA를 찾아내 결합하면, 카스9이 해당 부위를 잘라 내는 거예요(항체가 항원과 결합해 항원을 제거하는 것처럼). 카스9과 복합체를 이루는 크리스퍼를 인위적으로 합성하면 특정 DNA를 골라서 잘라 내는 일도 가능해요.

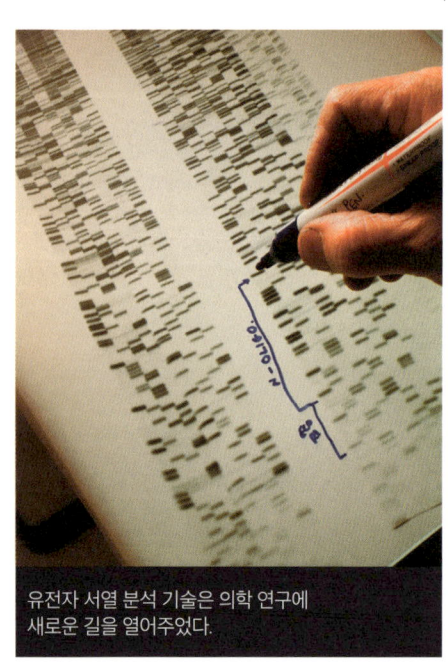

유전자 서열 분석 기술은 의학 연구에 새로운 길을 열어주었다.

유전자를 치료하다

유전자 치료는 유전병을 예방하거나 치료하는 데는 물론이고, 유전자가 원인이 되는 질병(암, 에이즈, 알츠하이머병)을 치료하는 데도 사용됩니다. 유전자 치료의 방식은 세 가지가 있어요. 비정상 유전자를 정상 유전자로 대체하거나, 치료 작용을 하는 유전자를 주입하거나, 결함이 있는 유전자의 활동을 조절하는 특별한 물질을 쓰는 것이지요.

놀라운 생명의 세계

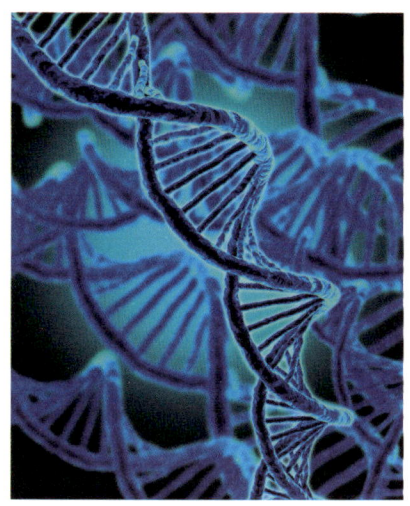

개인별 맞춤 의학

똑같은 치료를 받아도 어떤 사람은 증상이 낫는 반면, 부작용을 일으키는 사람들도 있지요. 이러한 개인의 차이는 유전적 요인에 의한 것으로, 이에 대한 연구는 **약물 유전학**을 통해 이루어지고 있어요. 더불어 의약품이 게놈에 미치는 영향도 연구하고 있는데, 예를 들어 약이 소화·흡수되어 간에서 분해될 때 어떤 유전자가 활성화되고 안 되는지를 알아보는 거예요. 이 연구가 완성되면 환자마다 맞춤형 처방을 내릴 수 있으며, 약물에 대한 알레르기 반응이나 내성으로 인해 일어나는 사고도 막을 수 있을 거예요. 지금도 일부 유방암 치료는, 환자가 특정 단백질을 생성하는 유전자를 지녔는지에 따라 치료 방식을 다르게 하고 있답니다.

자르고 고치고

모든 세포는 DNA 복구 메커니즘을 가지고 있어요. 자외선이나 복제 오류로 DNA가 손상되었을 때 그 메커니즘을 이용해 DNA를 온전한 상태로 되돌리는 거예요. DNA가 절단되었을 경우 조각들을 모아서 DNA를 복구하는데, 이때 만들어진 새로운 서열은 임의적인 변이에 속해요. 그런데 크리스퍼-카스9 유전자 가위 덕분에 이제는 변이가 일어난 부분을 제거하고 다시 바로잡을 수 있게 되었지요. 그래서 학자들은 유전적인 질환을 치료하거나, 다른 종의 유전자를 추가하지 않고도 유전자를 변형하여 새로운 생물을 만드는 일 등을 기대하고 있어요.

줄기세포를 이용하다

환자의 몸에서 줄기세포를 추출한 뒤, 오류가 있는 부분을 바로잡고, 이를 다시 몸에 이식하는 치료법도 언젠가 나올지 몰라요. **교정된 줄기세포**가 새로운 유전자를 발현시키고, 재생성 분열을 통해 그 유전자를 조금씩 퍼뜨리게 만드는 것이지요. 만약 줄기세포를 추출할 수 없는 경우에는 (신경계나 심장) 생체 이식술도 생각해 볼 수 있겠지요.

버블에 갇힌 아이들을 위해

유전자 치료가 처음으로 거둔 큰 성과 중 하나는 중증 복합 면역 결핍증을 가진 아이들에 대한 치료였어요. 이 아이들은 X염색체상의 유전자 이상으로 면역 체계가 기능을 하지 못하기 때문에, 아주 가벼운 감염도 이겨 내지 못하지요. 그래서 '버블(bubble)'로 불리는 무균실에서만 살아야 하는 거예요. 중증 복합 면역 결핍증에 대한 유전자 치료는 1999년에 처음 시도되었는데, 면역 체계 이상은 완치되었으나 백혈병이 발생하는 문제가 있었어요. 그래서 해당 치료법은 사용이 중단되었다가 보완을 거친 뒤 2012년에야 다시 시작되었어요. 물론 아직 보완이 많이 필요하지만, 연구가 활발히 진행 중이니 곧 좋은 소식이 있지 않을까요?

인체를 샅샅이 파헤치다

죽음에 맞서다?

'의학'의 시작은 아마 '돌봄'이었을 거예요. 건강이 좋지 않은 사람이 회복할 수 있도록 곁에서 돌보아 준 것이죠. 그러다가 과학과 기술의 발전으로 인해 의학은 인간의 건강과 질병을 '치료'의 개념으로 접근하게 되었어요. 페니실린은 폐렴의 치료를 가능하게 해 주었고, 이식 기술은 고장난 장기를 멀쩡한 장기로 바꿀 수 있게 해 주었으며, 이제는 보철 기술 덕분에 인공 팔다리도 얻을 수 있게 되었으니까요. 조만간 질병으로 인해 말을 하지 못하는 사람도 컴퓨터를 이용해 말을 하는 시대가 올 거예요.

그렇다면 죽음은 어떨까요? 인간의 기대 수명은 몇 십 년 만에 수십 년이 늘어났어요. 우리는 오늘날 100세 시대를 넘어 120세 시대를 바라보고 있지요. 그런데 프랑스나 미국 같은 국가의 기대 수명은 매년 몇 개월씩 짧아지고 있대요. 프랑스의 경우 기대 수명은 약 80세지만, '건강 수명'은 65세를 넘기지 못하고 있다는군요. 도구와 무기로 무장한 인간이 자신에게 적이 되는 동물을 없애고 길들이며 생태계 피라미드 제일 꼭대기를 차지했음에도, 죽음의 그림자는 여전히 인간을 따라다니고 있네요. 어떤 그림자는 뚜렷하게 보이지만, 또 어떤 그림자는 윤곽만 흐릿하게 보일 뿐이에요. 죽음이란 그런 것이죠.

좋은 세균과 나쁜 세균

오늘날 인간의 생명에 가장 큰 위협이 되는 것 중 하나는 세균이에요. 인간은 항생제를 이용해 세균을 계속 제거해 왔지만, 세균은 갈수록 강해지면서 저항하고 있거든요. 현대 의학이 가진 두려움 가운데 한 가지는 더 이상 항생제에 의지할 수 없는 날이 올지도 모른다는 것이에요. 그때는 어떻게 해야 할까요? 세균의 감염을 어떻게 막아야 할까요? 인간은 다시 '고작' 폐렴으로 죽게 될까요?

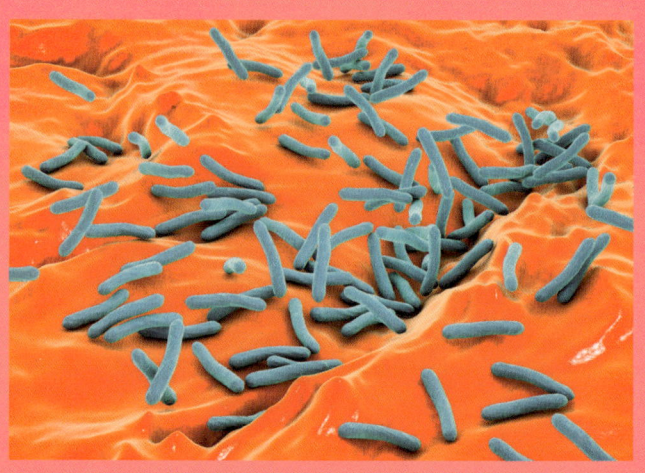

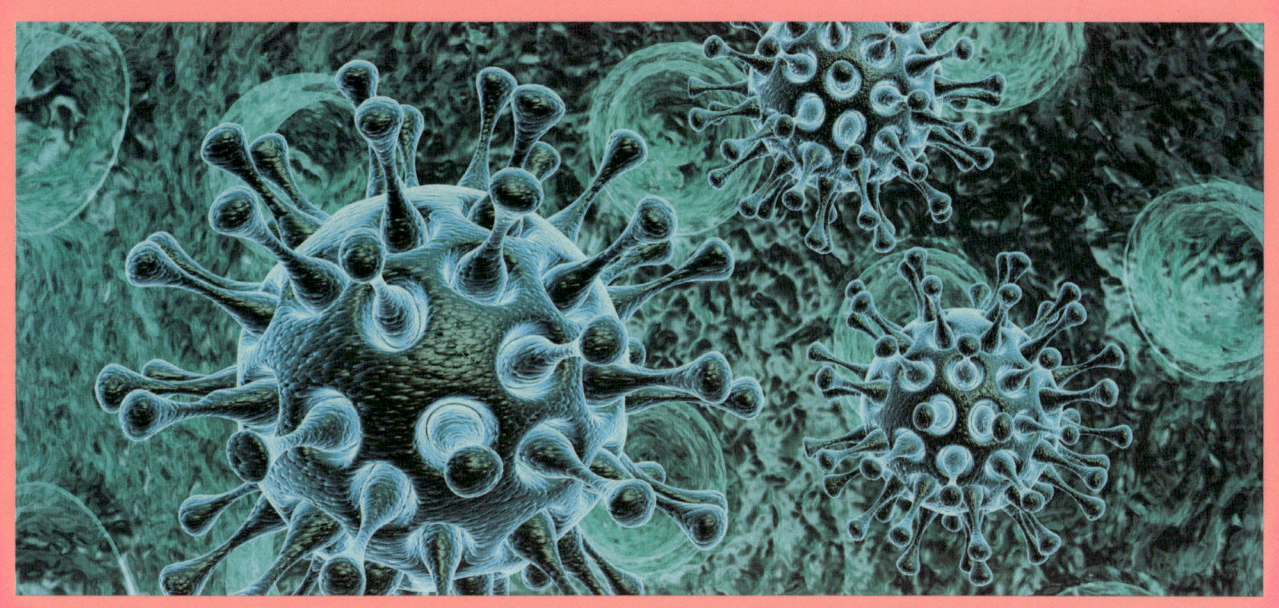

세균의 치명적인 매력

그런데 세균은 우리를 지켜 주면서 일상생활에 큰 도움을 주거나 우리 행동에 영향을 미치기도 해요. 실제로 우리 몸속에는 수 킬로그램의 세균이 존재하는데, 그중에는 성질을 정확히 알 수는 없지만 없앨 경우 오히려 건강이 나빠지는 것들도 있거든요. 장내 세균이 유익한 역할을 한다는 사실은 이미 알려져 있으며, 폐와 입, 배꼽에 사는 세균들의 '매력'도 차례차례 밝혀지는 중이랍니다.

의학의 도전 과제

이제 우리 인간은 생명의 화학과 메커니즘에 관해 충분한 지식을 가지고 있으며, 인체를 속속들이 관찰하고 연구할 수 있어요. 그런데도 왜 여전히 우리의 계획대로 되지 않는 일이 많이 있을까요? 인공 수정 기술은 이론상으로는 완벽하나 실제 성공률은 20퍼센트밖에 되지 않고, 화학적으로 합성한 분자는 자연의 분자와 정확히 똑같은 구조를 가졌음에도 꼭 그만큼 효과적이지는 않으니까 말이에요. 현재 이 같은 문제 제기는 선진국을 중심으로 이루어지고 있어요. 국민의 건강 상태가 충분히 양호하고, 연구와 보건에 대한 투자도 충분히 이루어져야 사람들이 의학적 실패와 부작용, 삶의 질에 관심을 가질 만한 여유가 생기기 때문이지요. 우리가 의학 분야에 대한 관심을 가지고 문제를 제기할수록 의학은 건강한 방향으로 발전할 거예요. 비양심적인 제약업체를 밝혀내고, 적절한 보건 정책을 끌어 내며, 개인별 맞춤 의학으로의 발전을 도울 수 있어요. 앞으로는 병원 처방이 개인의 유전자 형질에 맞춰 내려질지도 몰라요. 또한, 우리가 어떤 병에 걸릴지 미리 알려주는 '예측 의학'도 그렇게 머지 않은 미래의 일이랍니다.

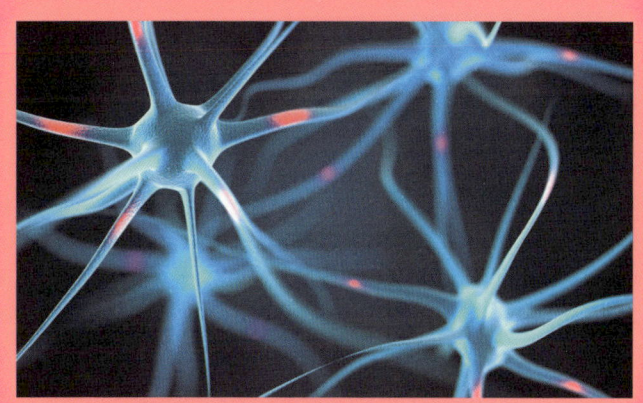

신의 의학, 인간의 것이 되다

신성한 영역

치유자라는 역할은 선사시대 사회에서부터 존재했는데, 신의 영역과 밀접하게 관련되어 있었어요. 애초에 병은 신이 내린 형벌이며, 이를 치유하는 것 역시 신만이 할 수 있다고 믿었거든요. 고대 이집트의 건축가이자 시인인 임호테프는 대제사장인 동시에 유명한 의사였고, 죽은 뒤에는 치유의 신이라고 불렸답니다. 고대 그리스에서 의사들은 의술의 신 아스클레피오스(로마식 이름은 에스쿨라페)로부터 치료의 힘을 부여받는다고 여기기도 했어요.

의술의 신 아스클레피오스

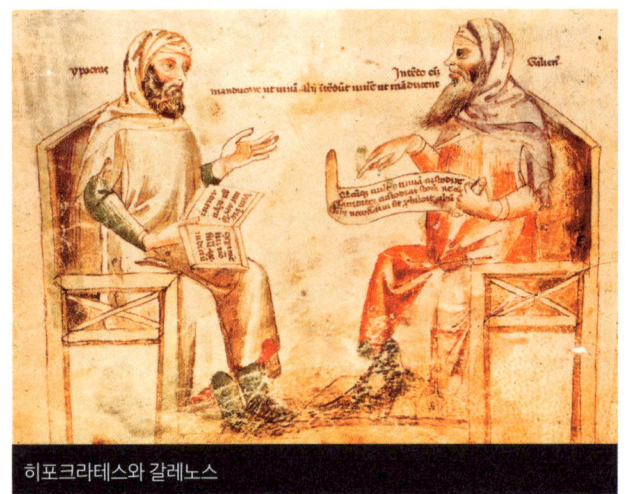

히포크라테스와 갈레노스

의학의 아버지

신의 영역이었던 의술은, 기원전 460년경 태어난 고대 그리스의 **히포크라테스**를 통해 비로소 과학의 영역으로 한 걸음 옮길 수 있었어요. 모든 병에는 원인이 있으며, 원인을 알면 치료가 가능하다고 주장한 히포크라테스의 의술은 자연에 대한 지식과 경험을 바탕으로 하고 있어요. 그러나 전설 속에서는 여전히 그를 두고 신의 모습이라고 표현하고 있답니다. (아스클레피오스의 아들로서 트로이 전쟁에서 영웅적으로 활약한 그리스 의사 포달레이리오스의 후손이라는 주장이 있어요.)

시대를 가로지르는 이론

히포크라테스는 인간의 몸속에 흐르고 있는 **체액**의 불균형이 질병을 초래하고 사람의 성격에도 영향을 미친다고 주장했어요. 이러한 사고방식은 오늘날까지도 남아 있답니다. 체액을 뜻하는 'humor(유머)'라는 단어로 기분이 좋거나 나쁨을 표현하고, 사람의 기질을 두고 다혈질이나 점액질, 담즙질 같은 체액 관련 용어를 여전히 사용하기 때문이에요. 체액 이론은 19세기까지 지속되었으며, 많은 의사가 히포크라테스의 이론에 착안하되 약간의 수정을 가한 견해를 내놓았어요. 화를 잘 내는 사람은 담즙의 지배를 받고, 우울한 성격의 사람은 흑담즙의 지배를 받는다는 식이었죠. 체액 이론은 우울질을 뜻하는 '멜랑콜리' 같은 용어와 에밀 졸라의 소설 《테레즈 라캥》(1867)에서처럼 기질의 지배를 받는 인물들을 통해 문학 작품에도 흔적을 남겼어요.

체액에 따라

후대까지 영향을 미친 히포크라테스의 체액 이론은 **4체액설**로도 불려요. 이에 따르면 인체의 체액은 혈액, 점액(림프), 황담즙(간에서 나오는), 흑담즙(비장에서 나오는)의 네 가지로 구분돼요. 이는 기원전 5세기경 고대 그리스의 철학자이자 의학자인 엠페도클레스가 주장한 기본 4원소인 공기, 물, 불, 흙에도 대응된답니다(혈액=공기, 점액=물, 황담즙=불, 흑담즙=흙). 인체는 이 네 가지 체액이 조화롭게 균형을 이룰 때 완벽하고 이상적인 건강에 이를 수 있으며, 이들 중 어떤 체액이 중심인지에 따라 '체질'이 정해진다는 설명이에요.

인체를 샅샅이 파헤치다

히포크라테스 선서

의과대학을 졸업하는 사람이라면 꼭 낭독하는 것이 있어요. 바로 '히포크라테스 선서'랍니다. 히포크라테스가 의사로서의 맹세를 담은 글에서 유래한 선서문이에요. 우리나라의 선서문은 다음과 같은 말로 시작돼요. "이제 의업에 종사할 허락을 받으매 나의 생애를 인류 봉사에 바칠 것을 엄숙히 서약하노라."

자연에 맡기다

히포크라테스는 치료법 쪽으로는 어떤 공을 세웠을까요? 당시 다른 의사들과 마찬가지로(그리고 그 후대 의사들도 오랫동안 그랬던 것처럼) '의학의 아버지' 히포크라테스도 수많은 질병 앞에서 할 수 있는 것은 별로 없었어요. 하지만 그는 최근 다시 유행하고 있는 **대체 의학**, 즉 식이 요법과 자연 요법의 선구자였어요. 말하자면 '자연을 믿자'라는 주의로, 올바른 음식 섭취와 위생이 최고의 약이라고 생각했지요.

검투사부터 황제까지

129년경에 페르가몬(지금의 터키 지역)에서 태어난 **클라우디우스 갈레노스**는 칼을 들고 서로 싸우는 검투사들의 의사였어요. 검투사들이 투기장에서 입은 끔찍한 상처들을 통해 해부학적·외과적 지식을 키운 것이에요. 이후 로마로 옮겨간 갈레노스는 원숭이 같은 동물을 이용한 해부 실험에 몰두하면서 해부학 강연을 열었고, 로마 황제 마르쿠스 아우렐리우스와 코모두스의 주치의로도 활약했어요.

인간의 실수

갈레노스는 히포크라테스의 체액 이론을 물려받되, 네 가지 체액 외에 세 가지 '**프네우마**'의 존재를 주장했어요. 프네우마는 체내에서 '관'을 타고 돌아다니는 공기처럼 가벼운 성질의 기운 같은 것으로, 자연 활동을 담당하는 '간의 프네우마'와 생명 활동을 담당하는 '심장의 프네우마', 정신 활동을 담당하는 '뇌의 프네우마'가 있으며, 각각 욕망과 감정, 이성과 관계되어 있다고 말했답니다. 갈레노스가 뇌의 역할을 인지한 것을 비롯해서 여러 가지 공을 세운 것은 사실이지만, 정확하지 않은 부분을 마치 사실인 것처럼 주장하는 바람에 오랫동안 의학은 잘못된 방향으로 발전하기도 했지요.

환자를 치료하는 기원전 2세기의 의사

해부의 역사

최초의 해부

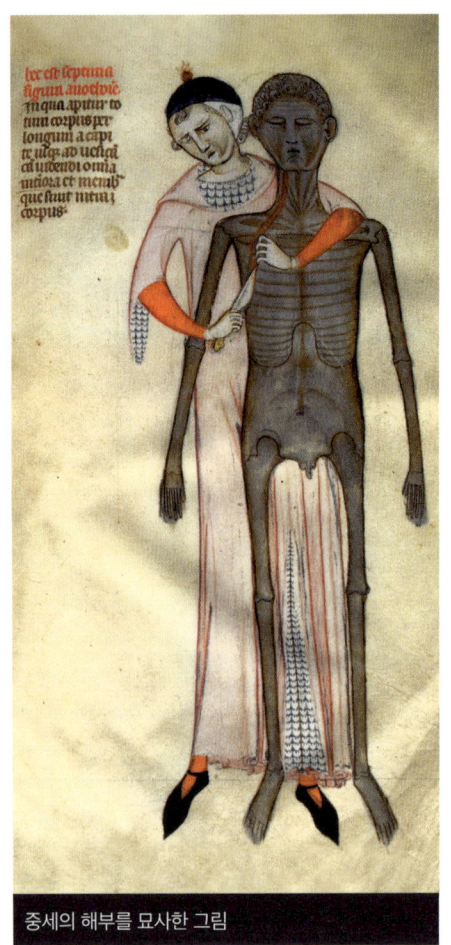

중세의 해부를 묘사한 그림

고대 그리스의 의사와 철학자들은 해부를 거의 하지 않았지만, 그럼에도 불구하고 몇 가지 중요한 **해부학적 발견**이 고대에 이루어졌어요. 예를 들어 기원전 5세기에 피타고라스의 제자 알크메온은 해부를 통해 뇌가 생각과 감각의 중추임을 알아냈으며, 시신경과 유스타키오관의 존재도 발견했어요. 기원전 3세기에 활약한 헤로필로스 같은 알렉산드리아의 의사들은 때때로 사형수를 이용해 생체 해부까지 하면서 뇌와 신경계에 관한 지식을 발전시키기도 했답니다.

해부를 중단하라

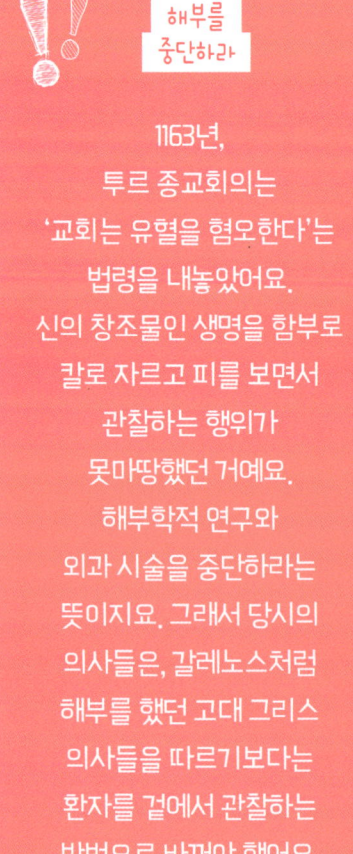

1163년, 투르 종교회의는 '교회는 유혈을 혐오한다'는 법령을 내놓았어요. 신의 창조물인 생명을 함부로 칼로 자르고 피를 보면서 관찰하는 행위가 못마땅했던 거예요. 해부학적 연구와 외과 시술을 중단하라는 뜻이지요. 그래서 당시의 의사들은, 갈레노스처럼 해부를 했던 고대 그리스 의사들을 따르기보다는 환자를 겉에서 관찰하는 방법으로 바꿔야 했어요.

천재의 해부학

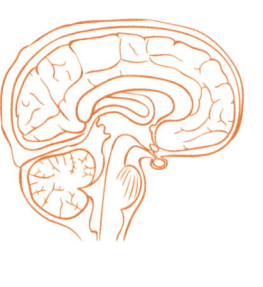

레오나르도 다빈치의 해부학 연구는 예술적인 면에서나 과학적인 면에서나 르네상스 시대가 낳은 걸작으로 꼽히고 있어요. 다빈치는 그 유명한 〈인체 비례도〉에서처럼 인체의 겉모습을 미학적으로 표현하는 작업만 한 것이 아니에요. 그는 동물과 사람의 사체를 직접 해부했고, 뇌 안의 공간인 뇌실에 밀랍을 부어 그 구조를 알아내기도 했어요(네메시우스와 토마스 아퀴나스 같은 초대 교회의 교부들은 뇌실에 영혼이 들어 있을지도 모른다고 믿었는데 말이에요.). 또한 다빈치는 인체 내부의 해부학적 구조를 보여 주는 독창적이면서 훌륭한 그림도 많이 그려 냈답니다.

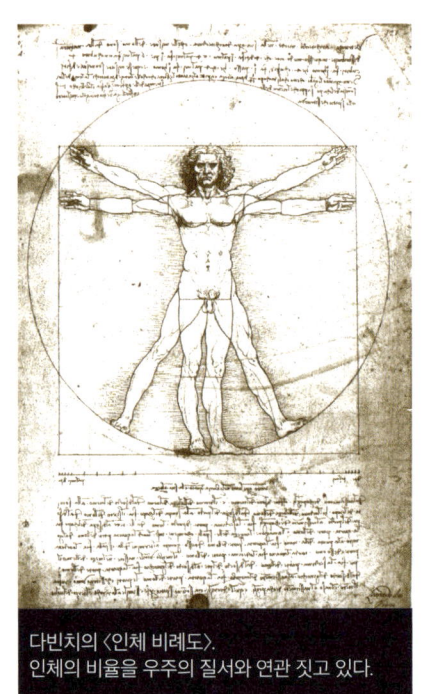

다빈치의 〈인체 비례도〉. 인체의 비율을 우주의 질서와 연관 짓고 있다.

인체를 샅샅이 파헤치다

인간과 원숭이

갈레노스는 부상당한 검투사들을 치료하는 일을 한 덕분에 인체의 구조를 연구할 기회가 많았어요. 따라서 인체 해부 경험도 있었겠지만, 그가 해부학적 관찰을 특히 많이 한 대상은 원숭이였어요. 그래서 어떤 역사학자들은 갈레노스가 그린 인체 해부도가 사실은 **원숭이의 해부도**일 것이라고 믿었답니다!

해부학의 도약을 이끌다

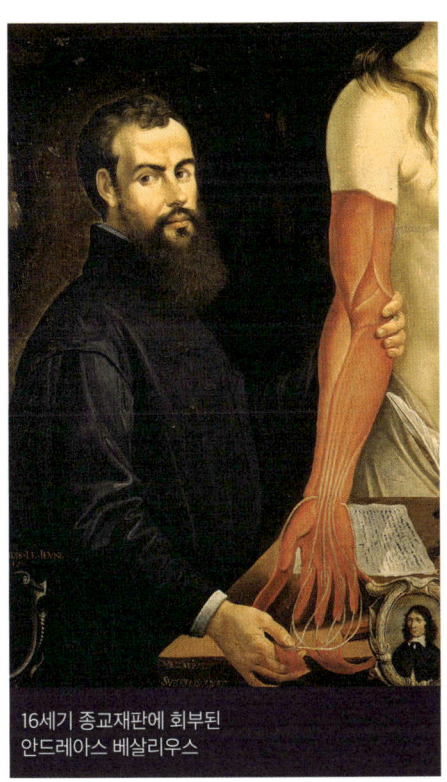

16세기 종교재판에 회부된 안드레아스 베살리우스

해부학을 암흑기에서 실질적으로 벗어나게 해준 인물은 벨기에의 의사 **안드레아스 베살리우스**예요. 유서 깊은 의사 집안에서 태어난 베살리우스는 1537년에 파도바 대학에서 의사 자격을 얻은 뒤, 그 대학에서 교수로 임명되어 외과학과 해부학을 강의했어요. 특히 그는 해부학 연구를 위해 시로부터 사형수의 시체를 마음대로 처분해도 된다는 허가를 받아 내기도 했지요.

펜과 메스

책의 내용을 쉽게 이해하도록 도와주는 그림인 **삽화**는 해부학의 발전에서 중요한 역할을 했어요. 잘 그려진 삽화가 들어간 해부학 책이 그렇지 않은 책보다 훨씬 잘 팔릴 정도였지요. 그래서 해부학자들은 직접 그림을 그리거나, 재능 있는 미술가와 손을 잡고 일했어요. 게다가 해부학 연구는 예술적인 면도 가지고 있었지요. 인체를 최대한 사실주의적으로 묘사하기 때문이에요.

성공과 논란

1543년, 베살리우스는 획기적인 책 《인체의 구조에 관하여》를 출간했어요. 티치아노의 제자 얀 반 칼카르와 베살리우스 자신이 그린 삽화로 화려하게 장식된 이 책은 큰 인기를 누렸으나, 의사들 사이에서는 좋지 않은 소문이 돌기도 했어요. 당시에는 갈레노스의 해부학이 거의 신의 영역처럼 여겨지고 있었는데, 베살리우스가 갈레노스의 해부학적 지식이 지닌 오류를 하나하나 지적했기 때문이에요. 그 같은 상황에서도 베살리우스는 카를 5세의 주치의가 되었지만, 50세가 되던 해에 자킨토스 섬에서 사망했어요. 배를 타고 바다를 건너던 중에 베살리우스가 열병에 걸리자 병이 옮을까 봐 겁이 난 사람들이 그를 섬에 내버린 거예요.

해부학 강의

17세기부터 공개적인 해부학 강의가 다시 허용되기 시작했어요. 의사들이 모여 죽은 사람을 해부하는 실습을 했는데, 이는 하나의 볼거리로 자리하면서 학생이나 학자들뿐만 아니라 호기심 많은 대중까지 불러 모았지요. 렘브란트의 유명한 작품 〈툴프 박사의 해부학 강의〉(1632)와 〈얀 데이만 박사의 해부학 강의〉(1656)는 당시 장면들을 그린 것이에요.

실험 의학으로의 변화

방향을 바꾸다

19세기까지 의학은 질병이 나타나면 이를 관찰하고 확인하는 관찰 과학에 머물 수밖에 없었어요. 그런데 동물을 이용해 생리학 실험에 몰두한 박물학자들의 연구나, 물을 직접 끓이는 실험을 하며 4원소의 정체를 확인한 프랑스의 과학자 라부아지에의 연구는 **실험 의학**의 출현을 알리고 있었어요. 물론 아직 인간을 치료하는 단계에는 도달하지 못했지만 말이에요.

첫발을 내딛다

프랑수아 마장디는 19세기 실험 생리학의 선구자로 여겨지고 있어요. 그는 치료법이 발전하려면 의학이 화학과 물리학, 생리학의 지식을 활용하는 진정한 과학이 되어야 한다고 생각했어요.

독물 연구

프랑스의 생리학자인 프랑수아 마장디는 몇몇 독물의 작용을 정확히 연구하면서 독물학을 창시했어요. 특히 1809년에는 '마전자'라는 식물 종자의 독성이 척수에 영향을 미친다는 사실을 알아냈어요.

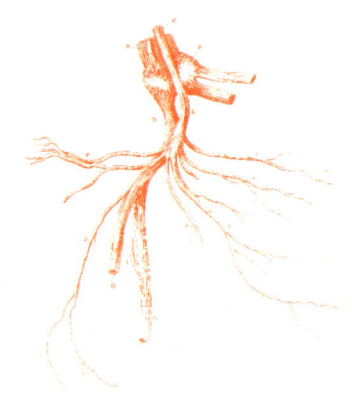

마장디보다 앞서 독물을 연구한 찰스 벨이 그린 뇌의 교감 신경

신경과 감각

마장디는 **신경계**의 생리학을 특히 많이 연구했어요. 그 결과 1822년에는 척수 뒤뿔에서 나오는 신경이 감각에 관여한다는 사실을 밝혀냈지요.

실험 의학의 확립

19세기 실험 의학이 다른 과학들과 어깨를 나란히 하게 된 것은 **클로드 베르나르** 덕분이에요. 베르나르는 마장디의 실험 조수였답니다. 조수 시절에는 자기 연구실이 없어서 집에서 실험을 하던 신세였지만, 이후 마장디의 뒤를 이어 프랑스 국립 고등 교육 기관인 콜레주 드 프랑스의 교수가 되었답니다. 그는 간이 당분을 글리코겐 형태로 저장해 두었다가 필요할 때 혈액으로 내보낸다는 사실을 증명했으며, 지방의 소화에서 췌장이 하는 역할과 교감 신경의 역할도 밝혀냈어요.

콜레주 드 프랑스 연구실의 클로드 베르나르(중앙에서 앞치마를 두른 사람)

인체를 샅샅이 파헤치다

현대 의학을 선언하다

클로드 베르나르는 자신이 쓴 《실험 의학 서설》(1865)의 서론에서 과학적인 성격을 띠는 새로운 의학을 설명했어요. 인체를 치료하고 싶다면 인체의 어떤 부분이 어떤 기능을 지녔는지 그 메커니즘을 알아내야 한다는 거예요. 베르나르는 가설을 시험하기 위한 '인위적 관찰' 즉 실험 방법을 소개하면서 물리학과 화학을 본보기로 내세웠어요. 이 책은 과학계 바깥까지 큰 영향력을 미쳤는데, 가령 에밀 졸라의 《실험 소설론》(1881)도 그 영향을 받은 작품이랍니다.

윤리의 문제

그러나 의학적 연구는 인간을 대상으로 한 실험에서는 어려움에 부딪힐 수밖에 없어요. 기본적인 임상 시험은 지원자를 받아서 할 수 있을지 몰라요. 하지만 이를 제외하면 살아 있는 인간을 대상으로 한 **생체 실험**, 특히 생체 해부 같은 것은 당연히 생각할 수도 없는 일이죠. 하지만 고대에서는 사형수를 이용한 생체 해부나, 나치 강제 수용소 등에서 잔혹한 생체 실험이 진행되어 왔어요. 특히 1970년에 고발된 터스키기 매독 실험 사건, 즉 미국 의사들이 앨라배마 터스키기 농촌 지역의 흑인들을 대상으로 매독을 치료하지 않고 두면 어떻게 되는지 알아보기 위해서 진행한 연구는 인간의 존엄성을 심각하게 침해했어요. 의학적 연구가 아무리 중요해도, 인간의 기본 윤리를 반드시 지켜야 한다는 깨달음을 얻는 계기가 되었지요.

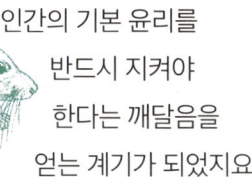

과학이냐, 동물이냐?

인간으로 실험을 할 수 없었던 학자들은 **동물 실험**에 많이 의존했어요. 특히 동물 실험을 많이 했던 생리학은 생물에 대한 모든 형태의 폭력을 반대하는 '반 생체 해부주의자'들에게서 일찍부터 항의를 받아 왔어요. 놀랍고 안타깝게도, 클로드 베르나르의 아내 마리 프랑수아즈 베르나르도 최초의 동물 보호 운동가 중 한 명이었어요. 그녀는 1870년에 프랑스 동물 보호 협회에 들어가기 위해 클로드 베르나르와 이혼했답니다!

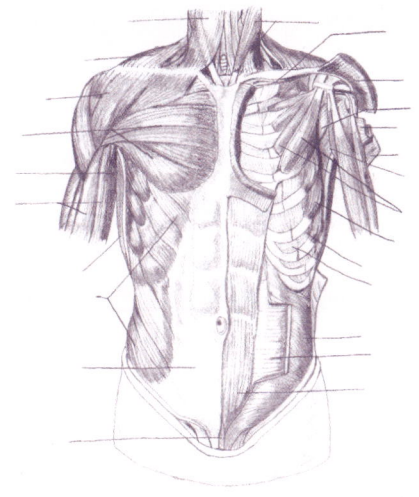

과학의 발전이 동물을 보호한다

동물 보호 운동은 주로 동물이 실험실에서 치르는 불필요한 고통을 알리는 캠페인의 방식으로 진행되고 있어요. 다행히도 요즘에는 시험관에서 이루어지는 생리학(세포 배양, 생화학 연구, 인공 장기 등)의 발전 덕분에 동물 실험을 많이 피할 수 있게 되었어요. 과학이 발전할수록 죄 없는 동물이 희생되는 일은 줄어들지도 몰라요.

외과 : 이발관에서 수술대로

힘든 직업

요즘엔 잘 쓰지 않는 영단어 중에, 외과 의사를 뜻하는 'chirurgeon(카이러전)'이라는 단어는 그리스어로 '손'을 뜻하는 'kheir'와 '노동'을 뜻하는 'ergon'에서 유래했어요. 머리만 써도 되는 다른 의사들과는 달리, 외과 의사는 신체나 장기에 상처가 난 부분을 수술 등으로 직접 치료하기 때문에 '손'을 쓰거든요.

불경한 수술!

외과 수술은 중세 유럽에서는 의학으로 인정받지 못했어요. 1163년 투르 종교회의에서 '교회는 유혈을 혐오한다'는 법령을 내놓음에 따라 사람에게 직접 칼을 대는 해부와 수술이 성스럽지 못한 일로 여겨졌기 때문이에요. 그래서 공식적으로 날카로운 도구를 다루어도 되는 이발사가 외과 의사를 겸하면서 수술을 맡아야 했답니다. 그러다가 고대의 의학 지식을 수용한 아랍 의학의 영향으로 올바른 지식에 근거한 외과적 활동이 전개되기 시작했고, 12세기에 이르면서 외과 의사를 양성하는 학교가 유럽 전역에 들어섰답니다.

최초의 수술

최초의 '외과적' 수술의 흔적은 선사시대로 거슬러 올라가요. 기원전 1만 2000년의 것으로 추정되는 유골에서 나온 천두술(날카로운 도구로 두개골에 구멍을 내는 것)의 흔적이 그것이에요. 그런 유골 중에는 절개한 부위가 아문 흔적도 있어요. 그러니 일부 환자는 그 옛날에 천두술을 받고도 살아남았던 거예요! 고대 이집트에서는 더 정교한 수술도 이루어졌던 것으로 보여요. 기원전 1500년경에 더 오래된 문헌을 베끼면서 작성된 '에드윈 스미스의 파피루스'를 보면 골절을 치료하거나 상처를 봉합하는 수술에 대한 내용이 나오기 때문이에요.

천두술의 흔적이 보이는 선사시대 두개골

외과계의 황태자

프랑스의 외과 의사 앙브루아즈 파레는 16세기 외과학의 수준과 명성을 높이 끌어올린 인물이에요. 특히 그는 연속해서 세 명이나 되는 프랑스 국왕의 외과 주치의를 지냈어요. 1559년에 앙리 2세가 말을 타고 하는 마상 시합에서 크게 다쳤을 때도 불려 갔는데, 파레가 아무리 뛰어난 의사였다고 해도 치명적인 부상으로부터 왕을 살릴 수는 없었어요.

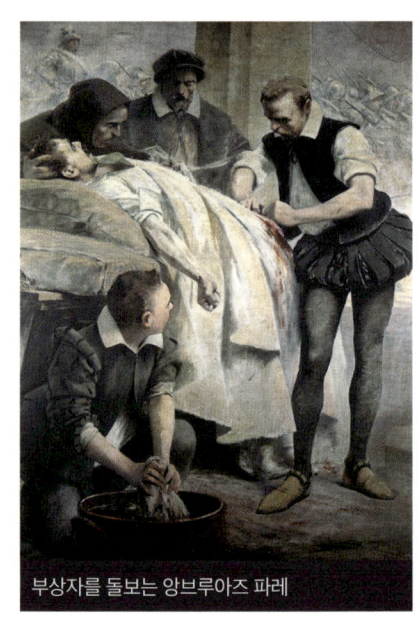

부상자를 돌보는 앙브루아즈 파레

인체를 샅샅이 파헤치다

19세기에 조지프 리스터가 개발한 페놀 분무기. 리스터는 파스퇴르로부터 아이디어를 얻어 페놀에 적신 살균 붕대도 개발했다.

전쟁의 시련

외과학의 결정적 발전을 이끈 것은 군인을 치료하는 **군의학**이에요. 전쟁 중에는 어려운 조건에서 빠르고 정확하게 수술을 해야 하므로 실력 있는 외과 의사가 필요하거든요. 나폴레옹 전쟁 당시에는 특히 절단 수술에 외과 기술이 많이 동원되었으며, 포탄으로 인해 인체가 끔찍하게 훼손되는 부상이 많았던 제1차 세계대전은 전문 의사들에게도 커다란 도전이었어요.

고통 없이 절개하다

1799년, 영국의 화학자 험프리 데이비는 아산화질소가 사람을 기분 좋게 만들 뿐만 아니라 강력한 **최면 효과**를 지녔음을 밝혀냈어요. 1818년에는 데이비의 제자 마이클 패러데이가 에테르 증기도 동일한 효과를 지녔음을 알아냈지요. 이 물질들은 1846년에 '마취제'라는 명칭으로 외과 수술에 널리 사용되기 시작했답니다.

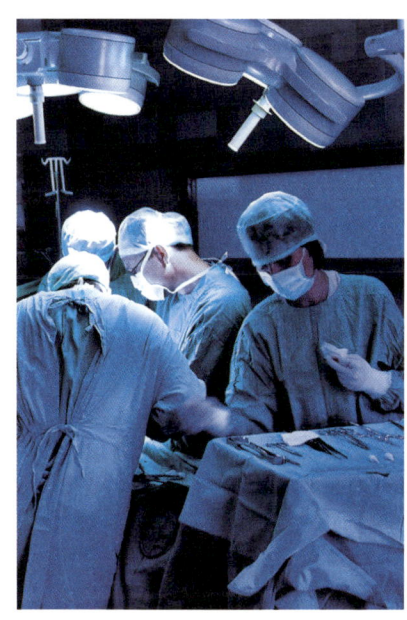

수술은 청결한 손으로

무균법, 즉 수술 중에 감염의 위험을 막기 위한 방법은 이미 오래전부터 강조되어 왔어요. 19세기에 빈에서 활동한 산부인과 의사 이그나즈 필리프 제멜바이스는 의사들에게 산모와 아이의 건강을 위해 분만 전에 꼭 손을 씻으라고 권했어요. 지금은 당연한 위생 관념이지만, 그 당시 동료 의사들은 그를 비웃으면서 조언을 따르기를 거부했었어요. 파스퇴르가 수술 도구와 붕대를 끓는 물에 소독하라고 충고한 것은 그로부터 몇 년 뒤의 일이랍니다.

원격 수술의 시대로

오늘날 외과 수술에는 가장 진보된 지식과 최첨단 기술이 사용되고 있어요. 특히 2001년 9월에는 '린드버그 수술'이라고 불리는 **최초의 원격 수술**이 실시되었답니다. 뉴욕에 있는 자크 마레스코 박사가 7000킬로미터나 떨어진 스트라스부르의 수술실에 누워 있는 환자의 쓸개를 '제우스'라는 수술 로봇의 팔을 원격 조종해서 제거한 거예요!

그래도 **혈액**은 돈다!

피는 다시 돌아온다

혈액 순환을 발견한 사람은 의사이자 생리학자인 영국의 윌리엄 하비예요. 혈액이 순환된다는 것은 당연한 사실 아니냐고요? 하지만 예전 사람들은 혈액이 간에서 만들어진 뒤 여러 장기로 보내지며 저절로 사라진다고 믿었답니다. 다시 피가 돌아올 줄은 상상도 하지 못했던 거예요.

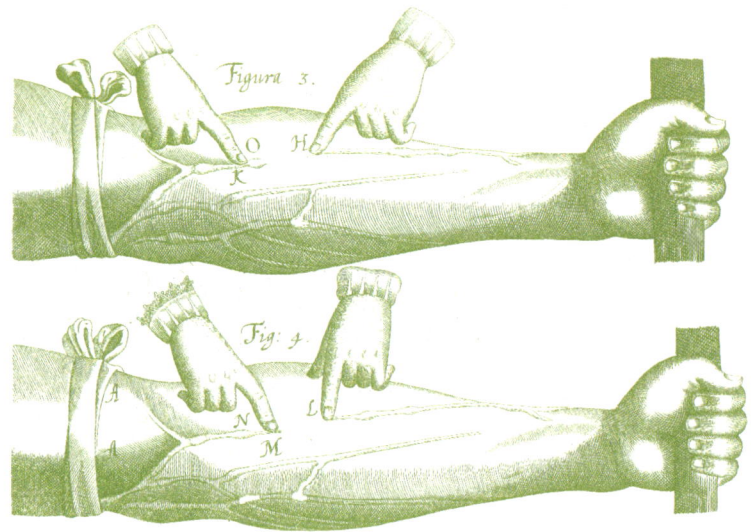

혈액 순환을 증명하기 위한 하비의 실험

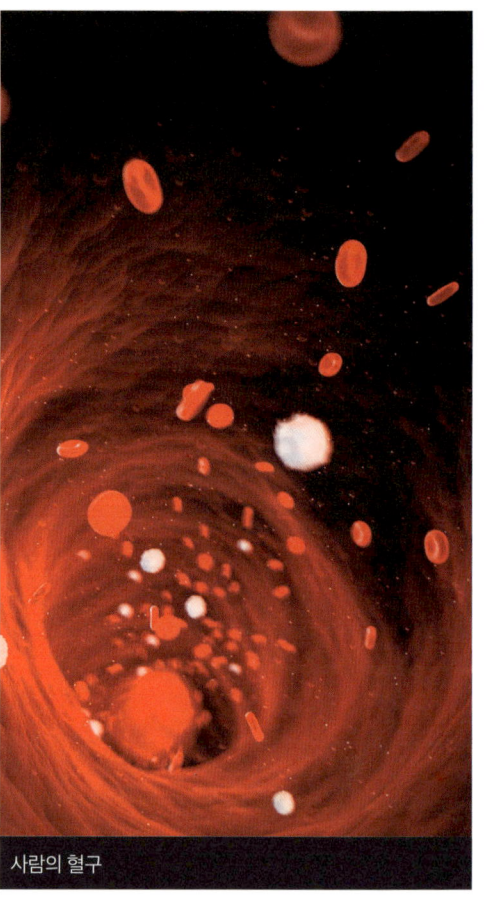

사람의 혈구

순환의 발견

하비는 1628년에 《동물의 심장과 혈액의 운동에 관한 해부학적 연구》를 출간했어요. 하비의 이론은 관찰뿐만 아니라 **실험**에 근거한 것이었으며, 심장의 혈액량이나 심장 박동수를 재는 등 계량적으로 접근했다는 것도 주목할 만한 부분이었지요. 의사들은 하비의 이론을 반박했으나, 그럼에도 불구하고 사람들에게 많은 지지를 얻었습니다. 특히 프랑스의 루이 14세는 젊은 의과의 피에르 디오니스에게 1672년부터 왕립 식물원에서 하비의 이론을 가르치도록 명하기도 했대요.

무대에서의 복수

하비의 주장을 지지한 인물 중 한 명인 프랑스의 극작가 몰리에르는 희곡 《상상병 환자》(1673)를 통해 하비에게 경의를 표하는 암시를 남겼어요. 돌팔이 의사 디아푸아뤼스가 자신이 눈독 들이고 있는 젊은 여성의 아버지에게 말하는 장면이에요. "제가 혈액 순환설 지지자들을 반박하는 논문을 하나 발표했는데, 어르신께서 허락하신다면 감히 제 논문의 초안을 따님께 선물로 드리고자 합니다."라는 대사가 있답니다. 여기서 '혈액 순환설 지지자(circulator)'는 하비를 반대하는 이들이 사용한 표현으로, 이중적인 의미를 가지고 있어요. 라틴어로는 '돌팔이 약장수'라는 뜻도 있기 때문이죠.

인체를 샅샅이 파헤치다

한 바퀴에 몇 분?

혈구가 인체를 한 바퀴 도는 데 걸리는 시간은 1분이랍니다.

순환을 조절하다

여러 장기로 가는 **혈액량**이 필요에 따라 조절될 수 있는 것은 혈관 운동 덕분이에요. 신경과 호르몬에 따른 조절 메커니즘으로, 혈관의 지름을 줄이는 '혈관 수축'과 혈관의 지름을 키우는 '혈관 확장'이라는 두 방식으로 이루어져요.

순환 장애

다리가 뻐근하고 붓고 따끔거리는 것 같은 순환 장애는 왜 나타날까요? 혈관 속에서 피가 거꾸로 흐르는 것을 막아 주는 판막이 약해져 기능이 떨어질 경우, 피가 장기에 고여서 '울혈'이 생기거나, 혈액의 수분이 조직 내에 스며들어 부종이 생길 수 있어요. 정맥의 벽이 약해지면 정맥류가 나타날 수 있으며, 동맥이 굳어지면(동맥경화) 더 심각한 문제가 초래되지요(뇌경색, 뇌졸중). 혈액의 성분 역시 순환에 영향을 미치는데, 가령 피가 굳은 혈전이 혈관을 막으면 혈전증으로 이어질 수 있어요.

혈액의 여행

하비가 제시한 **혈액 순환 이론**은 현대의 우리가 배우는 지식과 일치해요. 산소가 풍부한 동맥혈이 좌심실에서 나와 온몸을 돌면서 조직에 산소를 공급하고, 산소가 줄어든 정맥혈은 우심방으로 돌아온다는 구조지요. 우심방에 도착한 혈액은 우심실을 거쳐 폐로 보내지며, 폐에서 산소를 얻고 나면 좌심방을 통해 다시 심장으로 돌아옵니다.

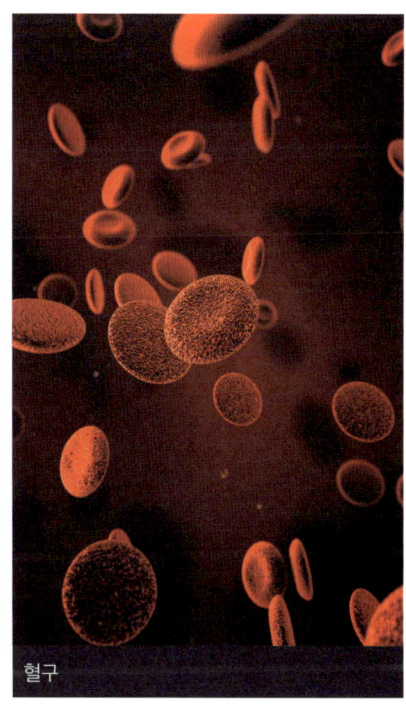

혈구

다리에 쥐가 났어!

팔이나 다리에 **쥐**는 왜 나는 것일까요? 그 같은 증상은 혈액 순환이 멈췄을 때 나타나요. 피가 안 통하면 감각 신경은 산소를 공급받지 못하며, 그래서 뇌에 신호도 보낼 수 없게 되지요. 팔이나 다리가 말 그대로 감각을 잃는다는 뜻이에요. 이때 몸을 움직이면 피가 다시 돌면서 질식해 있던 신경 세포가 뇌에 신호를 보내기 시작하는데, 그 결과 한꺼번에 많은 정보가 뇌에 도착하면서 찌릿한 느낌이 나타나는 것이랍니다. 따라서 쥐가 나는 것은 신경에 문제가 있었다는 신호라고 할 수도 있죠.

순환 앞에서는 남녀 평등이 없다?

여성이 남성보다 혈액 순환 장애에 더 취약하대요. 실제로 프로게스테론 같은 여성 호르몬은 일부 혈액 순환 장애(부종, 수분 정체, 다리 저림)를 일으키는 경향이 있으며, 특히 임신 기간 중에 혈액 순환 장애가 많이 나타난답니다.

이식의 역사 : 현대판 프랑켄슈타인

인간 짜깁기

사람의 신체 일부나 장기를 떼어 다른 사람에게 붙이는 이식에 관한 최초의 기록은 3세기로 거슬러 올라가요. 13세기 이탈리아 제노바의 대주교를 지낸 보라기네의 야코부스가 쓴 《황금 전설》에 실려 있는 내용이에요. 의사이자 성인(聖人)인 성 코스마와 성 다미아누스가 종양이 생긴 사람의 다리를 잘라 내고, 죽은 지 얼마 안 된 흑인의 다리를 대신 붙였다고 하는 이 일화는 르네상스 시대의 화가 프라 안젤리코의 벽화로도 전해지고 있어요.

다리 이식 수술을 묘사한 15세기 말 그림

실패를 통해 배우다

같은 종끼리 이식하는 것을 '동종 이식', 다른 종끼리 이식하는 것을 '이종 이식'이라고 해요. 그러나 동종 이식이든 이종 이식이든, 초기의 이식 수술은 이식 받은 사람이 거부 반응으로 사망하는 경우가 많았어요. 19세기에 활동한 이식 수술의 선구자 마티외 자불레는 동물(돼지, 양)의 신장을 신부전 환자에게 이식하는 실험을 수차례 했으나, 환자들은 모두 사망했어요.

믿을 건 자기 자신뿐

유럽에서 이식 수술을 최초로 성공한 기록은 16세기부터 발견되었어요. 하지만 인도에서는 기원전 800년 무렵에 이미 그 성공 사례가 있었던 것으로 보여요. 당시의 이식은 자신의 조직(피부나 살)을 자기 자신에게 이식하는 자가 이식이었지요.

거부 반응을 해결하라

이식 받은 환자가 거부 반응을 일으키는 문제는 면역학의 발전 덕분에 조금씩 해결되었어요. 영국의 생물학자 피터 메더워는 1940년대부터 시작한 거부 반응과 내성 현상에 관한 연구로 1960년에 노벨상을 받는 공을 세웠어요. 1952년에 프랑스의 의사 장 도세는 조직의 적합성 여부를 결정하는 HLA(Human Leukocyte Antigen, 사람 백혈구 항원) 체계를 밝혀냈지요. 그런데 '조직형'이라는 것은 혈액형보다 훨씬 복잡해서 장기를 전달하는 공여자와 이식을 받는 수혜자의 조직형이 일치할 확률은 아주 적어요. 두 가지 해결책이 있는데, 가족 중에서 공여자를 찾거나(유전적으로 동일한 일란성 쌍둥이가 가장 좋아요.), 수혜자에게 거부 반응을 막아 주는 면역 억제 치료를 받게 하는 거예요. 장 도세는 1958년에 장 베르나르와 함께 사람의 MHC(Major Histocompatibility Complex, 주조직 적합성 복합체), 즉 HLA 체계가 거부 반응 현상에서 하는 역할에 관한 연구 결과도 발표했어요.

인체를 샅샅이 파헤치다

조직 이식에서 장기 이식으로

20세기 초, 프랑스의 외과 의사이자 생물학자인 알렉시스 카렐은 장기 이식에 꼭 필요한 **혈관 봉합 기술**을 개발했어요. 조직 이식과 달리 장기 이식은 이식되는 장기의 혈관을 수혜자의 혈관계에 다시 이어 주는 작업이 필요하기 때문이에요. 카렐은 그 공으로 1912년에 노벨상을 받았답니다.

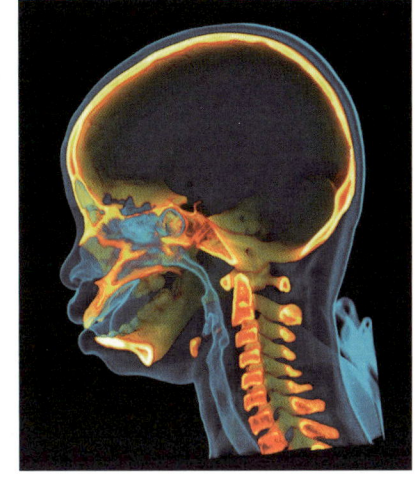

첫 성공

1905년 12월 7일, 오스트리아의 에두아르드 지름은 최초로 **각막 이식 수술**에 성공했어요. 1954년에는 미국의 조지프 머리가 일란성 쌍둥이 사이의 신장 이식 수술에 성공했고, 1959년에는 프랑스의 장 앙뷔르제가 방사선을 이용한 면역 억제 치료를 통해 이란성 쌍둥이 사이의 신장 이식 수술에도 성공했지요.

특별한 이식 수술

과거에는 피부나 장기를 주로 이식했다면, 의학과 수술 기술의 발전을 이룬 최근에는 **손이나 얼굴 부위의 이식**까지 가능해졌어요. 2005년에 프랑스에서는 베르나르 드보셸 교수가 최초로 얼굴 부위에 대한 이식 수술을 진행했고, 2008년 독일에서는 두 팔을 이식하는 수술이 처음으로 실행되었지요. 그리고 2015년에 미국의 한 의료진은 화재 진압 중에 화상으로 얼굴을 잃은 소방관에게 안면 전체를 이식하는 수술을 실시했답니다.

새로운 심장

최초의 심장 이식 수술은 1967년에 남아프리카공화국의 크리스티안 바너드가 시도했어요. 하지만 새 심장을 이식 받은 환자는 18일 후에 면역 억제 치료에 따른 폐렴으로 사망하고 말았지요.

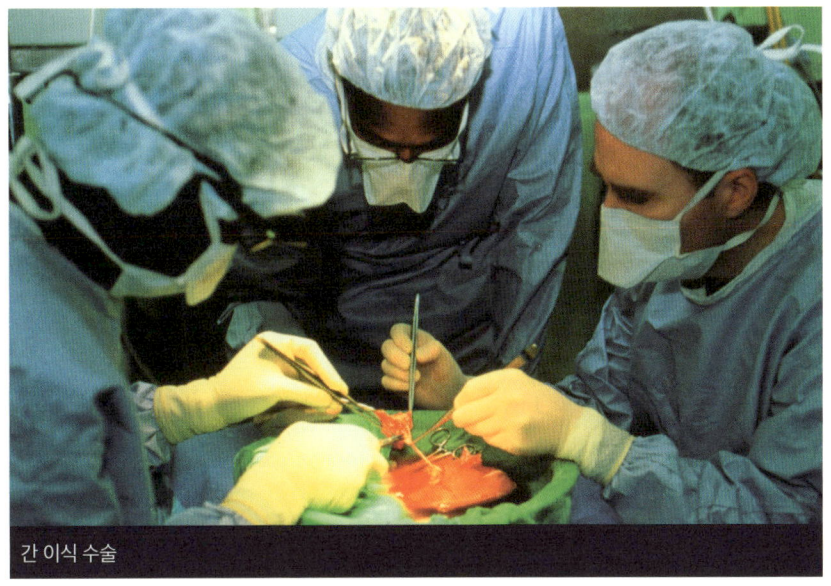

간 이식 수술

생사를 가르는 **수혈**

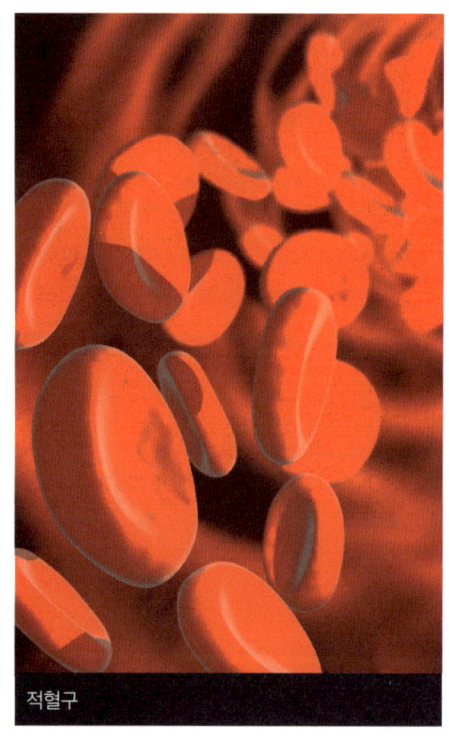

적혈구

피는 생명이요

혈액은 언제나 성스러운 것이었어요. 고대부터 생명의 액체로 여겨져 왔으며, 17세기 전까지는 유전 형질의 전달을 포함해 많은 능력을 가지고 있다고 간주되었지요. 그래서 기독교의 성찬식을 비롯한 종교 의식과 행사에서도 중요한 역할을 하곤 했어요.

출혈을 멈추다

상처가 났을 때 피가 굳는 혈액의 응고는 언뜻 보기에는 대수롭지 않을 거예요. 피가 공기에 노출돼서 '마르는' 것처럼 보이니까 말이에요. 그러나 사실 혈액의 응고는 매우 복잡한 과정이에요. 13가지가 넘는 '응고 인자' 단백질이 연속으로 활성화되면서 그 부위의 피를 멈추는 동시에, 피가 뭉치는 혈전이 생기지 않도록 막아야 하기 때문이죠.

혈액의 성분

혈액의 주된 기능은 인체의 기관과 조직에 **산소를 공급**하는 것으로, 각기 분명한 역할을 가진 여러 성분으로 이루어져 있어요. 우선 적혈구는 이름대로 붉은색을 띠는 세포예요(혈액이 붉게 보이는 이유가 적혈구 때문이죠.). 핵이 없으며, 헤모글로빈이라는 단백질을 통해 산소를 운반해요. 백혈구는 면역 체계에서 하나의 역할을 담당하고, 혈소판은 혈액 응고와 관련 있는 성분이에요. 이 성분들은 모두 혈액의 액체 성분인 혈장에 잠겨 있지요.

새로운 피를 공급하다

영국의 산부인과 의사 제임스 블런델은 산모들이 분만 중 출혈로 목숨을 잃는 경우가 많다는 사실에 주목했어요. 그는 1818년에 '피를 많이 흘린 만큼 새로운 피를 넣어 주면 어떨까?' 하는 생각을 했고, 1829년에는 동물 실험을 거친 뒤 사람을 대상으로 **최초의 수혈**을 실행했어요. 수혈은 대부분 성공적으로 이루어졌지만, 수혈 받은 사람이 사망하는 일도 종종 있었어요. 당시에는 혈액형의 존재를 아직 몰랐기 때문이에요.

제임스 블런델이 고안한 수혈 방법

인체를 샅샅이 파헤치다

각자 맞는 피가 있다!

1900년, 오스트리아 생물학자 카를 란트슈타이너는 **ABO식 혈액형**의 존재를 밝혀냈어요. 적혈구 표면에는 A형과 B형이라는 두 가지 항원이 존재할 수 있는데, 이 두 항원의 유무는 사람에 따라 다르다는 거예요(둘 다 있을 수도 있고, 둘 중 하나만 있거나, 둘 다 없을 수도 있어요.). 그래서 자신의 혈액에 없는 항원(자신과 다른 혈액형)이 들어오면 인체는 그 항원의 적혈구를 공격해서 파괴시키는 것이지요. 혈액형의 발견은 수혈 시에 발생하는 사고의 원인을 이해할 수 있게 해 주는 한편, 피를 제공하는 공혈자와 받는 수혈자 사이의 적합성도 알게 해 주었어요. 예를 들어 AB형은 누구에게나 피를 받을 수 있는 '만능 수혈자', O형은 누구에게나 피를 줄 수 있는 '만능 공혈자'에 해당하지요. 1940년에는 오스트리아의 화학자 란트슈타이너와 그의 동료 알렉산더 위너가 Rh(+/-) 인자를 발견하면서 수혈의 안전성을 더 높였답니다.

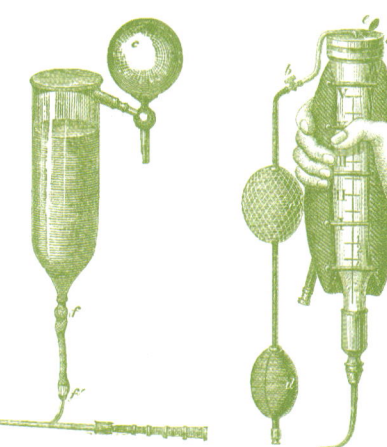

최초의 수혈 도구들

혈액을 신선하게 보관하는 법

1914년, 벨기에의 의사 알베르 위스탱은 피에 구연산 나트륨을 첨가하면 혈액이 굳는 것을 막을 수 있다는 사실을 알아냈어요. 이는 수혈에 있어 아주 반가운 소식이었는데, 그동안은 피를 뽑은 뒤 시간이 흘러 응고가 시작되면 수혈이 불가능했거든요. 하지만 이제 공혈자한테서 혈액을 미리 뽑아서 잘 보관해 뒀다가 필요할 때 수혈할 수 있게 된 거예요!

감염의 공포

그러나 수혈이 꼭 좋은 것만은 아니랍니다. 혈액을 통해 다양한 **질병**이 옮겨질 수 있기 때문이에요. 특히 1980년대에 나타난 에이즈는 혈액을 통해 감염되는 공포스러운 질병이었어요. 1990년대 초에 프랑스에서는 이른바 '오염 혈액 스캔들'이 터졌는데, 프랑스 국립 수혈 센터가 1984년과 1985년에 에이즈나 간염에 감염된 혈액을 혈우병 환자들에게 수혈하는 바람에 수백 명이 사망했다는 사실이 밝혀진 거예요. 다른 나라에서도 비슷한 사건들이 일어나면서 이제 헌혈 및 혈액의 유통 과정은 보다 더 엄격하게 관리되고 있지요.

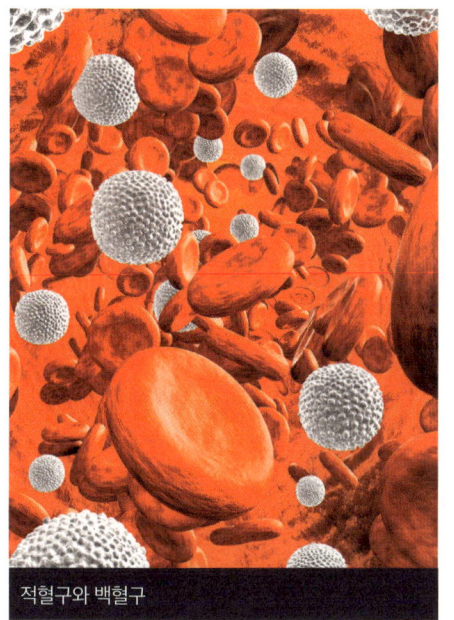

적혈구와 백혈구

정신 의학 : 마음을 치료하다

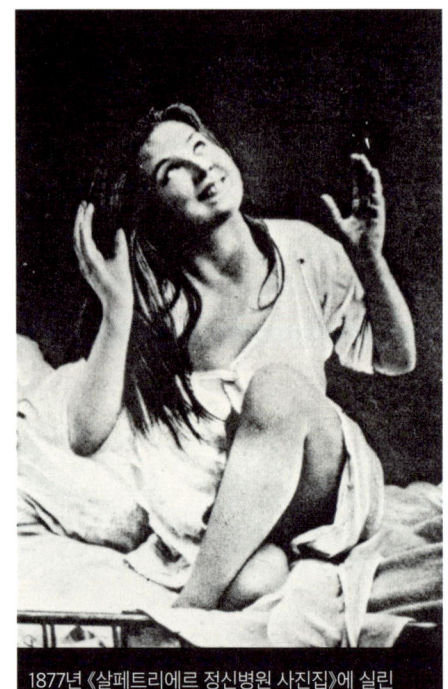

1877년 《살페트리에르 정신병원 사진집》에 실린 미친 여성의 모습

조각난 정신

정신 분열증(조현병)을 의미하는 'schizophrenia (스키조프레니아)'라는 용어는 1911년에 스위스 정신 의학자 오이겐 블로일러가 처음 사용했어요. 그리스어로 '분열'을 뜻하는 'schizein'과 '정신' 또는 '마음'을 뜻하는 'phren'에서 유래한 것이지요. 이 용어가 나오기 전까지는 발작적 정신 착란과 인격 장애 등을 가리킬 때 '조발성 치매'라는 용어를 썼어요.

두 얼굴의 장애

정신 질환의 정의와 명칭은 종종 바뀌고 있어요. 예를 들어 20세기 초 독일의 정신 의학자 에밀 크레펠린은 발작적으로 흥분 상태와 우울 상태가 교대로 나타나는 증상을 '조울증'으로 정의했는데, 요즘에는 '양극성 장애'라는 용어를 쓰고 있어요. 양극성 장애의 치료에는 리튬을 주성분으로 하는 약이 많이 사용됩니다.

광기는 뇌의 병이다?

중세나 19세기에는 정신 질환을 앓고 있는 환자들의 머릿속에 '돌'이나 '혹'이 들어 있다고 믿기도 했어요. 오늘날에는 뇌 영상 기술로 특정 정신 질환에 관계된 신경학적 이상을 밝힐 수 있게 되었지요. 예를 들어 3D MRI 촬영을 통해 관찰한 결과, 일부 조현병 환자들의 뇌는 피질의 주름이 뚜렷하지 않은 식의 비정상적인 발달을 보이는 것으로 확인되었답니다.

신경증과 정신병

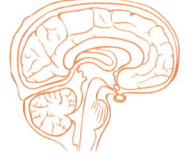

신경증을 뜻하는 'neurosis (노이로제)'라는 단어는 1776년에 스코틀랜드 의사 윌리엄 컬런이 만들어 낸 용어예요. 특별한 손상이 보이지 않는 신경 질환을 가리키지요. 그에 비해 정신병을 뜻하는 'psychosis(사이코시스)'라는 단어는 오스트리아의 의사 에른스트 폰 포이히터스레벤이 1845년에 모든 유형의 '정신의 병'을 가리키기 위해 처음 사용했어요. 신경증은 현실 판단 능력에는 이상이 없는 병이고, 정신병의 경우에는 다양한 형태의 정신 착란이나 환각을 겪어요 (편집증, 조현병). 신경증과 정신병 사이의 구분이 명확해진 것은 특히 영국의 심리학자이자 의사인 지그문트 프로이트의 덕분이에요.

정신 분석의 창시자 프로이트

인체를 샅샅이 파헤치다

1887년 프랑스 살페트리에르 정신 병원에서 임상 강의 중인 샤르코 박사(중앙에 서 있는 사람)

정신 의학에 반대하다

1960년대에는 **반 정신 의학 운동을** 하는 사람들도 있었어요. 이 운동은 정신 병원에 입원한 환자를 인격적으로 대하지 않음을 고발하는 것이었어요. 특히 환자를 어린아이처럼 취급하는 행태와 전기 충격 요법이나 샤켈 요법(환자에게 인슐린을 다량 주입해 혼수상태로 만들었다가 다시 회복시키는 것) 같은 일부 폭력적인 치료법이 문제의 대상이었지요.

최면으로 히스테리를 치료하다

1880년대에 프랑스 파리의 살페트리에르 정신 병원 신경학과 책임자로 있던 **장 마르탱 샤르코**는 히스테리 환자에게 최면을 이용한 치료법을 받게 하면서 주목을 받았어요. 당시에 히스테리는 신체적 손상은 전혀 없는데 특정한 심신 이상(경련이나 무분별한 행동)을 보이는 증상으로 알려졌고, 특히 여성만 걸리는 질환으로서 자궁에 원인이 있다고 여겨지고 있었어요(고대부터 자궁의 이동이 히스테리를 야기한다고 보았으며, '히스테리'라는 말도 그리스어로 자궁을 뜻하는 'ustera'에서 유래했어요.). 그런데 샤르코가 최면으로 히스테리 증상을 일시적으로 멎게 함으로써 그 질환이 정신적 외상과 관계된 심리적 원인 때문임을 증명한 거예요. 샤르코는 이러한 치료를 공개적으로 진행했는데, 이는 말 그대로 하나의 구경거리였어요. 그래서 어떤 사람들은 환자의 인권을 침해했다며 눈살을 찌푸리기도 했어요.

샤르코의 최면 치료 시연은 젊은 시절의 프로이트에게도 깊은 인상을 남겼고, 이후 프로이트가 개발하게 되는 신경증 치료법, 즉 정신 분석에 큰 영향을 미쳤습니다.

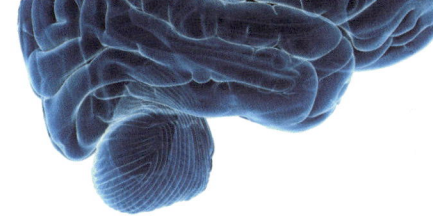

우울증은 뇌 때문?

자폐증이나 일반적인 치료로는 해결이 안 되는 일부 우울증은 뇌의 비정상적인 구조가 원인이 되기도 해요. 그러나 뇌 손상과 정신 질환 사이의 관계는 아주 복잡하며, 환자의 개인사(환경, 교육 등)를 포함한 수많은 요인을 고려할 필요가 있어요. 뇌 영상 기술이 정신 질환의 진단과 예방에서 중요한 역할을 하고는 있지만, 그게 전부가 아니라는 뜻이지요.

장의 비밀

꼬르륵!

소화관의 벽에 있는 근육은 우리 생각이나 의도와는 상관없이 늘어났다 줄어듦을 반복하며 움직이는데, 이를 **연동 운동**이라고 해요. 이 운동을 통해 음식물이 식도에서 위를 거쳐 소장으로 이동하면서 소화가 되는 것이지요. 배에서 나는 "꼬르륵" 소리도 연동 운동 때문이에요. 소화관의 근육은 소화가 중력과 무관하게 이루어지도록 해 주기 때문에 우주 비행사가 중력이 없는 우주 공간에서 먹는 음식물도 소화관을 따라 정상적으로 이동할 수 있답니다. 이 연동 운동이 방해를 받으면 통증이 유발되면서 불쾌한 기분이 들 수도 있어요. 소화가 잘 되지 않고 더부룩한 느낌 말이에요.

연구할 것이 아주 많은 영역

장내 세균은 장에 존재하는 미생물의 일부일 뿐이에요. 장에는 효모와 균류도 있고, 장내 세균을 감염시켜 그 양과 작용에 변화를 줄 수 있는 바이러스도 있거든요. 이에 대한 연구는 현재 아주 조금밖에 진행되지 않았으며, 따라서 장에 관한 발견과 지식은 이제 겨우 시작 단계에 불과해요.

장내 미생물상

장내 미생물을 무게로 따지면 성인 1인당 수 킬로그램에 달하며, 세균만 해도 160종이 넘어요. 장내 미생물들은 태어나자마자 엄마와의 접촉으로 몸에 들어온 세균에 의해 형성되기 시작해서, 젖을 먹는 동안 점점 다양해지고, 주로 대장에서 계속 규모를 키우지요. 따라서 장내 미생물상의 구성은 개인마다 고유한 성질을 띠고 있어요. 어쩌면 우리의 똥에 들어 있는 세균을 분석하면 마치 DNA처럼 개인을 식별할 수 있을지도 몰라요!

길이와 면적

소장의 길이는 내벽의 근육이 이완된 상태에서는 **6~7미터** 정도 돼요. 물론 이것은 죽은 시신을 이용해 측정한 값이지요. 살아 있는 사람의 소장은 근육이 수축되어 주름진 상태로 존재해요. 그래서 그 길이는 2~3미터밖에 되지 않는답니다.

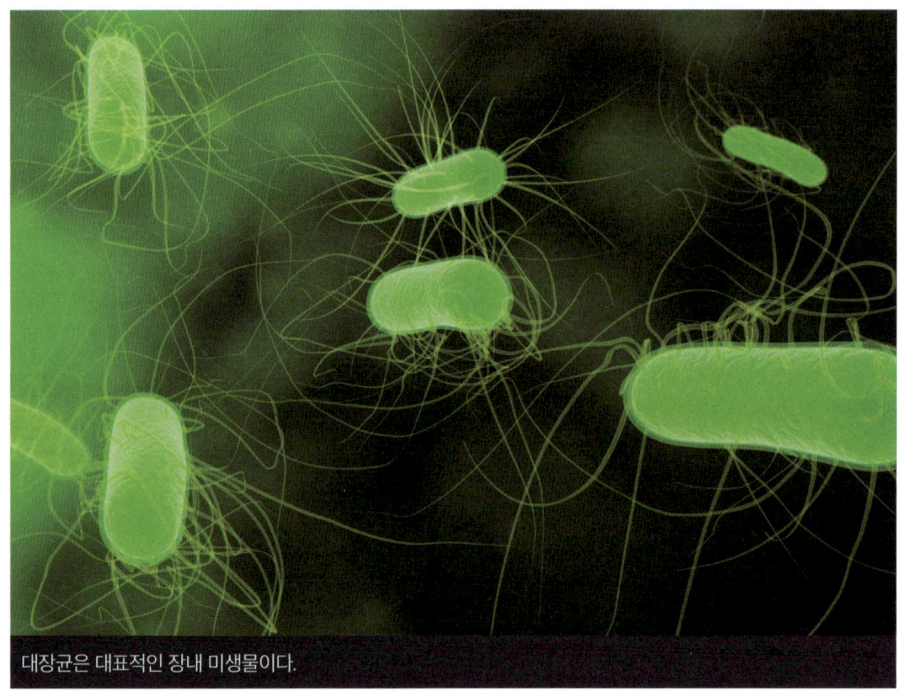

대장균은 대표적인 장내 미생물이다.

인체를 샅샅이 파헤치다

장은 제2의 뇌

장은 오랫동안 학자들의 관심 밖에 있었지만, 오늘날에는 많은 연구의 대상이 되면서 '제2의 뇌'로 불리고 있어요. 조금 과한 별명이긴 하지만, 그만큼 장에 분포된 신경들이 중요하다는 뜻이지요. 장의 신경계는 2억 개의 뉴런으로 이루어져 있으며 (고양이 한 마리의 전체 뉴런 개수랑 같아요!), 기분 조절에 관여하는 신경 전달 물질인 세로토닌을 분비할 수 있어요. 장에서 분비된 세로토닌의 일부가 뇌까지 가서 우리의 기분에 영향을 미치는 거예요. 실험에 따르면 장내 세균을 제거한 생쥐는 이상한 행동을 보이면서 아주 쉽게 위험에 빠지지만, 장내 세균을 주입하면 훨씬 신중한 모습으로 바뀐대요. 장내 세균이 생물의 행동에도 영향을 미친다는 뜻이지요.

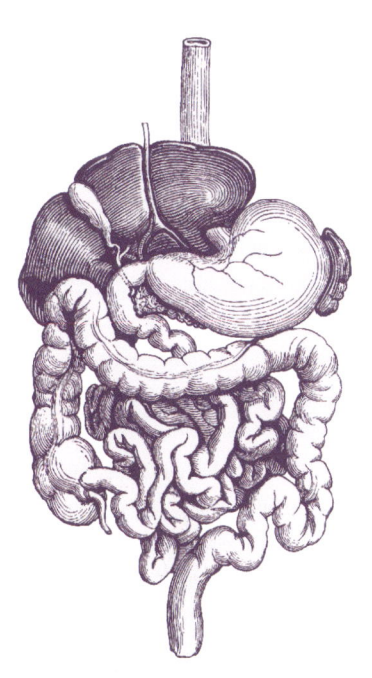

 **생쥐에게 사람의 장기를 이식하다**

2016년 말, 한 재생 의학 연구진이 사람의 줄기세포를 이용해 고작 몇 밀리미터 길이밖에 안 되는 장과 그 신경계를 만들어 내는 데 성공했어요! 장의 기능을 갖춘 이 초소형 장기는 생쥐에게 성공적으로 이식되었고, 3센티미터 크기까지 자라면서 인간의 소화 메커니즘과 장 관련 질환에 대한 생체 연구에 활용되었어요.

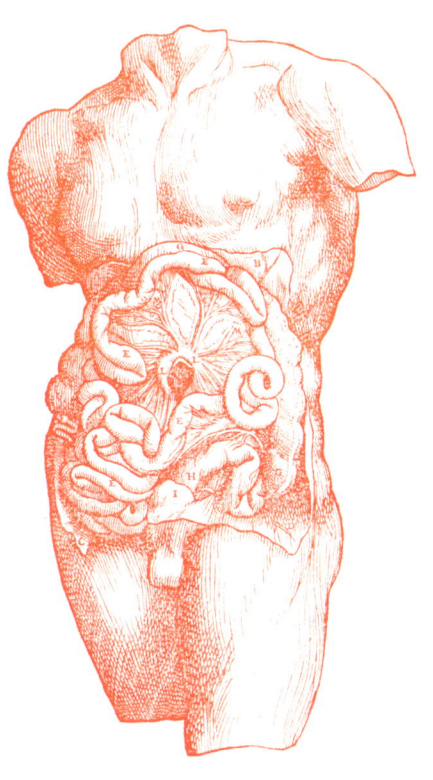

사람의 복강(배)을 묘사한 고대 삽화

장내 세균 때문!

장내 미생물에 관한 연구는 장내 세균과 다양한 **질환** 사이의 관계를 밝혀 주었어요. 예를 들어 비만인 사람은 장내 세균이 불균형 상태에 있어요. 장내 세균이 다양하지 않으면 비만과 관련된 합병증의 위험이 높아지지요. 일부 장내 세균이 과하게 많으면 위암이나 대장암의 원인이 되는 것으로도 확인되었어요. 신경 정신 질환(우울증, 자폐증, 조현병 등)이나 알츠하이머병, 파킨슨병과 장내 세균이 어떤 관계가 있는지에 관한 연구도 진행되고 있답니다. 이러한 질병의 치료는 특별한 식이 요법이나 장내 유익한 세균의 생장을 돕는 프리바이오틱스 물질을 이용해 장내 세균의 균형을 회복시키는 식으로 이루어져요. 심지어 건강한 사람의 대변을 이용하는 이른바 '대변 이식술'도 있대요!

세균 사냥꾼 파스퇴르

화학에 입문하다

루이 파스퇴르는 1822년 프랑스에서 가죽 가공업자의 아들로 태어났고, 파리 고등 사범학교에서 화학을 전공했어요. 이후 파스퇴르는 두 분자가 동일한 원자를 가지고 있더라도 그 원자들이 어떤 구조로 배치되어 있는지에 따라 빛의 편광면이 회전하는 방향이 달라짐을 증명하면서 학자로의 인생을 시작했어요.

발효 현상을 연구하다

파스퇴르는 **발효 현상**을 연구한 끝에 그것이 미생물의 작용임을 밝혀냈어요. 당시 발효 현상은 많은 산업에 활용되고는 있었지만, 어떤 원리인지는 수수께끼 같았지요. 파스퇴르가 발효 현상에 관심을 갖게 된 것은 술 공장을 운영하는 어떤 사람이 사탕무를 발효해 술을 만드는 과정에서 생기는 문제를 해결해 달라고 부탁했기 때문이었어요.

파스퇴르의 실험

1859년부터 파스퇴르는 펠릭스 푸셰 때문에 다시 유행하고 있던 **자연 발생설**을 비판하는 작업에 착수했어요. 푸셰의 실험에서 발견된 미생물은 물질에서 저절로 생겨난 것이 아니라 공기를 통해 유입된 것임을 증명하고 싶었거든요. 일단 파스퇴르는 배양액을 끓인 다음 공기가 닿지 않도록 보관하면 무균 상태가 유지되지만, 공기가 통하게 두면 배양액이 빠르게 혼탁해진다는 것을 실험으로 확인했어요. 그렇다면 남은 일은 배양액을 오염시킨 범인이 공기 자체가 아니라 공기 중 세균임을 밝히는 것이었지요. 그래서 파스퇴르는 입구가 좁고 길게 생긴 '백조목 플라스크'로 다시 실험에 들어갔어요. 그랬더니 이번에는 공기가 통하는데도 세균이 생기지 않았어요. 플라스크 입구가 좁고 길게 생겨서 공기 중 세균이 배양액까지 도착하지 못한 거예요.

파스퇴르가 사용한 현미경

보이지 않는 것에 이름을 붙이다

미생물을 뜻하는 'microbe(마이크로브)'라는 단어는 군 보건 학교 원장을 지낸 프랑스의 샤를 에마뉘엘 세디요가 1878년에 사전 편찬자 에밀 리트레의 조언을 듣고 만들어 냈어요. 그리스어로 '작다'를 뜻하는 'micros'와 '생명'을 뜻하는 'bios'가 합쳐진 거예요.

발효 과정을 보여 주는 파스퇴르의 실험

인체를 샅샅이 파헤치다

수상한 미생물!

파스퇴르는 미생물이 동물이나 사람한테서 발생하는 많은 질병의 원인일 수 있다고 의심했어요. 그 작은 생명체는 지구상에 가장 많이 존재하는 생물이니까 말이죠!

미생물은 어디에나 있다!

파스퇴르는 프랑스 파리의 공기 중에 떠다니는 먼지를 모은 뒤, 그 안에 **미생물**이 득실거린다는 것을 증명했어요. 그는 미생물을 찾고 분리하고 배양하는 쪽으로는 선수였고, 그 능력을 활용해 여러 산업을 구제할 만한 공을 세웠어요. 예를 들면 미생물 때문에 포도주나 맥주가 변질되는 피해를 입어 온 양조업이나, 누에고치에서 실을 뽑아 비단을 만드는 양잠업이 있어요. 당시 누에들이 다양한 미생물로 인해 병에 걸리곤 했거든요.

파스퇴르가 연구에 사용한 누에

병으로 병을 치료하다

1879년, 파스퇴르는 **백신**으로 닭의 콜레라를 예방하는 방법을 알아냈어요. 물론 일부 사회에서는 백신의 원리를 이미 활용하고 있었고, 영국의 의사인 에드워드 제너가 우두 접종으로 천연두를 예방하는 실험을 한 것도 1796년의 일이에요. 하지만 파스퇴르는 병원균의 독성을 약화시키는 방법을 우연히 발견하면서 기술을 개선하는 데 큰 도움을 주었어요. 배양 중에 깜빡 잊고 공기 중에 방치한 병원균이 독성은 약해지면서도 백신 효과는 그대로인 것을 발견했거든요. 제너보다 신중한 편이었던 파스퇴르는 동물에 먼저 적용해 보기로 했고, 1881년에 프랑스 믈룅 부근의 어느 농장에서 공개적인 실험을 진행했어요. 일부 가축들에게 탄저균 백신을 접종한 뒤, 양 60마리에 탄저균을 주입해서 백신을 맞은 가축과 안 맞은 가축의 차이를 알아보는 실험이었지요. 그 결과, 백신을 접종한 양들만 멀쩡하다는 것을 모두가 알게 되었어요!

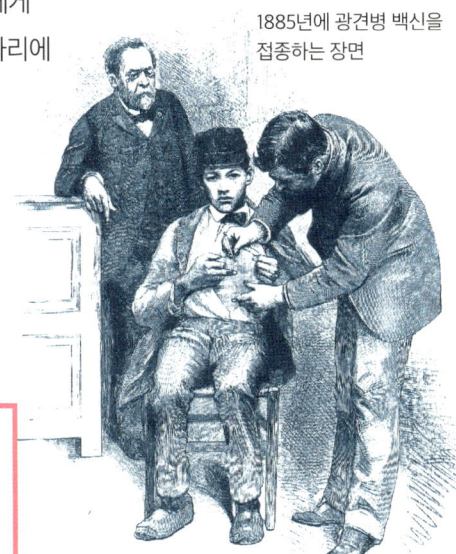

1885년에 광견병 백신을 접종하는 장면

파스퇴르 연구소

과학계의 영웅으로 존경 받던 파스퇴르는 1888년에 광견병 예방을 위한 연구소를 프랑스에 설립했어요. 파스퇴르 연구소는 오늘날까지도 감염증의 연구와 교육, 치료를 위한 국제적 중심지로 자리하고 있으며, 우리나라를 비롯한 30여 개국에도 들어서면서 세계적인 네트워크를 형성하고 있답니다.

광견병을 정복하다

1885년, 파스퇴르는 사람에게 치명적인 질병인 **광견병**을 정복하기 위해 처음으로 가축이 아닌 사람에게 적용되는 백신을 개발했어요. 같은 해에 이루어진 첫 접종의 주인공은 미친개한테 물린 조제프 메스테르라는 소년이었어요. 어차피 백신을 맞지 않아도 광견병으로 사망할 위기에 처해 있었던 소년은 임상 시험을 거치지 않은 백신을 최초로 접종했고, 다행히 건강을 회복했답니다!

백신 : 질병을 정복하다?

백신의 기원

백신은 일부 비재발성 질병에서 출발했어요. 비재발성 질병은 한 번 걸린 적이 있으면 다시는 걸리지 않는 질병으로, 일단 한 번 걸리면 그 병에 대한 면역이 생기는 거예요. 그래서 병에 가볍게 감염된 환자의 고름을 건강한 사람의 몸에 넣는 '인두법'은 이미 16세기부터(어쩌면 그 이전부터) 중국에서 시행되었어요. 그러나 질병의 독성을 조절할 수 없기 때문에 자칫 죽음을 부를 수도 있었지요. 하지만 꽤 효과가 있었기에 터키까지 알려지게 되었고, 이후 18세기 초에는 유럽에도 진출하게 됩니다.

세포의 기억

파스퇴르와 제너가 개발한 최초의 백신들은 아주 성공적이었어요. 하지만 그들은 정작 백신의 효능이 가지고 있는 현상에 대해서는 전혀 모르고 있었답니다. **면역적 기억**, 다시 말해 생물이 외부 물질을 기억할 수 있는 능력 말이에요.

백신과 소

백신 접종을 'vaccination(백시네이션)'이라고 부르게 된 이유는, 천연두의 백신으로 사용된 물질이 소에서 뽑은 것이었기 때문이에요(라틴어로 '소'를 뜻하는 'vacca'에서 유래한 단어).

BCG 접종

결핵의 원인이 되는 세균은 파스퇴르의 라이벌이었던 독일의 세균학자 로베르트 코흐에 의해 1882년에 발견되었으며, 그래서 '코흐 간균'으로도 불려요. 그런데 코흐는 원인균을 발견했을 뿐 결핵 백신의 가능성을 믿지 않았고, 효과적인 결핵 예방법을 개발하는 데도 실패했지요. 하지만 20세기 초에 프랑스의 의사 알베르 칼메트와 수의사 카미유 게랭이 코흐 간균의 독성을 완화시킨 균으로 결핵 백신을 개발했어요. 이 백신은 '칼메트-게랭 간균'이라는 의미의 'BCG(Bacillus Calmette-Guérin)'로 불리면서 1921년부터 지금까지 사람에게 접종되고 있답니다.

우두에서 백신까지

백신의 '발명자'로 볼 수 있는 인물은 사람들이 흔히 생각하는 것처럼 파스퇴르가 아니라 **에드워드 제너**예요. 이전의 다른 학자들도 그랬듯이 제너는 우두(소의 천연두)에 감염된 적이 있는 사람은 우두보다 훨씬 무서운 질병인 천연두에 걸리지 않는다는 점에 주목했어요. 그래서 계속된 관찰과 연구 끝에 1796년에 머릿속 계획을 실천에 옮겼어요. 우두에 걸린 여성의 손에서 추출한 고름을 건강한 여덟 살 소년에게 접종해서 일부러 우두를 앓게 한 거예요. 우두는 가벼운 병이라서 금세 나을 수 있었지요. 그리고 석 달 뒤에 다시 그 소년에게 천연두에 걸린 사람의 고름을 접종했습니다. 다행히 소년은 천연두에 걸리지 않았고, 이렇게 제너의 실험은 성공적으로 끝이 났어요. 이후 천연두 백신 접종은 반대에 부딪히기도 했지만, 결국에는 유럽 전역으로 확대되었어요.

아이에게 백신 접종을 하는 제너

인체를 샅샅이 파헤치다

백신을 둘러싼 논쟁

백신은 오늘날에도 여전히 보건 정책의 **주요 쟁점**이자 찬반 논쟁과 토론을 부르는 주제예요. 백신으로 인한 일부 부작용이나, 애초에 백신을 신뢰하지 않는 사람들이 많이 있기 때문이지요.

95%

한 나라의 국민이 어떤 질병으로부터 안전하게 보호되려면 그 질병에 대한 백신 접종률이 95퍼센트는 되어야 한대요.

만능 백신?

그런데 이렇게 의술이 발달한 시대에 모든 질병에 적용할 수 있는 **만능 백신**은 왜 없을까요? 병원균과 바이러스는 빠르게 변이를 일으키기 때문이에요. 에이즈(AIDS)바이러스가 대표적인 예로, 몇 가지 백신이 개발되긴 했으나 그 효능은 제한적이고 일시적이지요. 끊임없이 변이를 일으키는 인플루엔자바이러스의 경우도 마찬가지예요. 변이된 바이러스에 맞추어 백신이 해마다 다시 개발되어야 하는 것이지요. 게다가 암 같은 질환은 더 심각해요. 백신의 원리는 외부에서 들어온 병원체를 공격하는 것인데, 암은 외부에서 온 것이 아니라 환자 자신의 세포가 암세포가 되는 것이니까요.

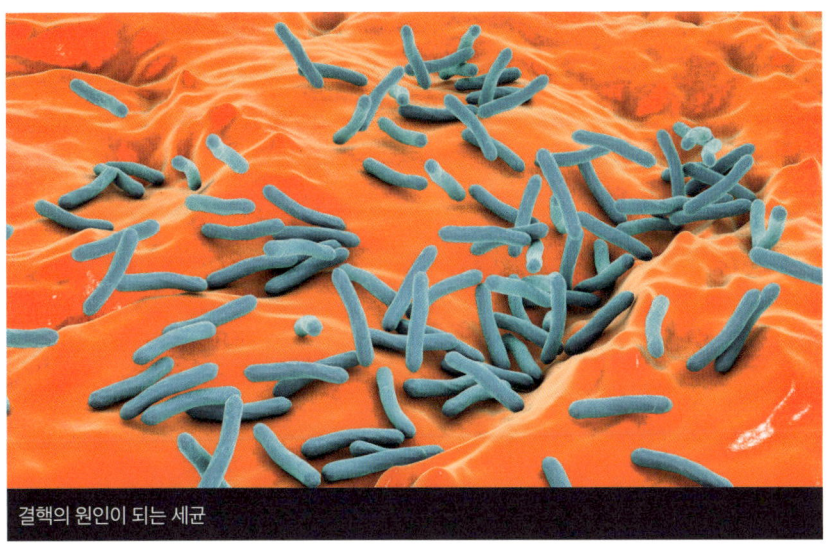

결핵의 원인이 되는 세균

백신을 보조하다

백신 보조제는 인체의 면역 반응을 키워서 백신의 효과를 높이는 역할을 해요. 수산화 알루미늄 젤, 죽은 세균 현탁액, 다양한 종류의 유액 등이 백신 보조제로 쓰일 수 있어요.

반드시 접종할 것!

나라마다, 시대마다 필수 예방 접종 대상 질병이 달라요. 주로 질병의 유행성에 따라 달라지는데, 우리나라에서는 결핵(BCG), 각종 간염, 파상풍-디프테리아(Td백신) 등 다양한 질병에 관한 접종을 하도록 국가적 차원에서 권장하고 있어요.

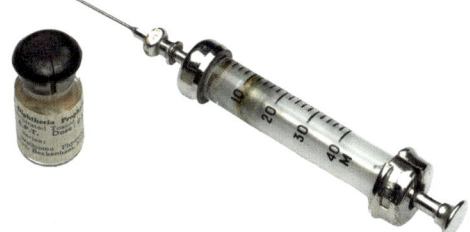

온몸의 신경

온몸에 존재하는 신경

말초 신경계는 뇌와 척수의 중추 신경계에서 나와 온몸에 분포하는 신경 전체를 일컬어요. 말초 신경계가 감각 정보를 감지해 뇌로 전달하면 뇌가 그 정보를 분석해서 운동 신호를 내보내는 거예요. 하지만 예외도 있죠. 반사적 반응은 신속함을 요구하기 때문에 척수 차원에서 정보 처리가 이루어진답니다.

자율적인 뇌

우리 몸의 기능은 의도적인 생각의 지배를 받지 않아요. '이제 심장을 멈추어 볼까?'라고 아무리 생각해도 심장은 멈추지 않지요. 이처럼 우리의 의도와 상관없이 호흡이나 소화를 할 수 있는 것은 자율 신경계 덕분입니다. 자율 신경계는 다시 교감 신경계와 부교감 신경계로 나뉘어요. 교감 신경계는 행동에 대한 준비 및 스트레스 반응을 담당하고(심장 박동 상승, 저장되어 있던 포도당 분비, 소화 활동 저하 등), 부교감 신경계는 교감 신경계에 반대되는 작용을 하지요(심장 박동 저하, 영양분 저장, 소화 촉진 등).

신경계의 중심

두개골 안에 위치한 뇌는 신경계의 중심 기관이에요. 뇌를 둘러싸고 있는 보호막을 제외한 뇌의 무게는 평균 1.4킬로그램 정도로, 중추 신경계 전체 무게의 92퍼센트를 차지한답니다.

방랑자 신경

뇌 신경은 뇌에서 바로 나오는 12쌍의 신경으로, 머리의 신경 분포와 그 작용을 지휘해요. 예를 들어 눈의 움직임, 얼굴의 감각, 음식물을 목구멍으로 삼키기 등. 10번째 뇌 신경인 미주 신경은 자율 신경의 일종인데, 그 명칭인 'vagus(베이거스)'는 '방랑자'라는 뜻을 가지고 있어요. 머리에서부터 온몸에 걸쳐 광범위하게 연결되어 있기 때문이랍니다. 그래서 미주 신경에 이상이 생기면 여러 가지 문제가 나타날 수 있어요. 심장 박동 저하, 손발의 과도한 땀 분비, 불안감, 그리고 미주 신경성 실신까지도요.

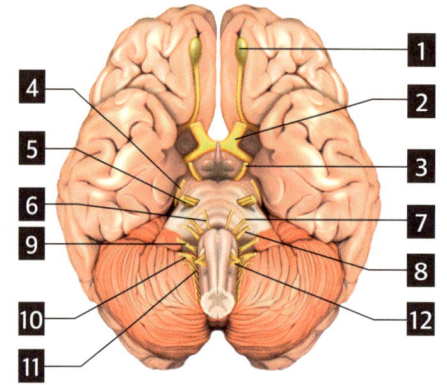

12쌍의 뇌 신경
❶ 후각 신경 ❷ 각 신경
❸ 동안 신경 ❹ 활차 신경
❺ 삼차 신경 ❻ 외전 신경
❼ 안면 신경 ❽ 청 신경
❾ 설인 신경 ❿ 미주 신경
⓫ 부 신경 ⓬ 설하 신경

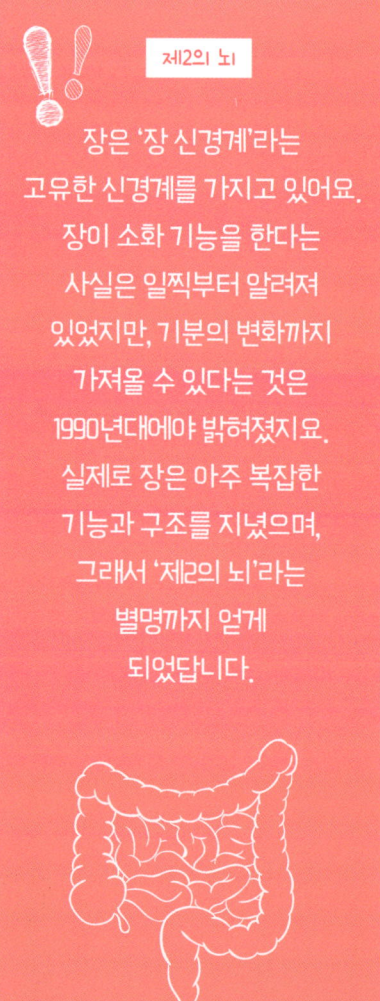

제2의 뇌

장은 '장 신경계'라는 고유한 신경계를 가지고 있어요. 장이 소화 기능을 한다는 사실은 일찍부터 알려져 있었지만, 기분의 변화까지 가져올 수 있다는 것은 1990년대에야 밝혀졌지요. 실제로 장은 아주 복잡한 기능과 구조를 지녔으며, 그래서 '제2의 뇌'라는 별명까지 얻게 되었답니다.

인체를 샅샅이 파헤치다

당분과 신경의 관계

당분은 뇌의 주된 에너지원이지만, 혈중 당 농도가 과하면 신경 질환으로 이어질 수도 있어요. 그래서 혈당 조절이 안 되는 당뇨병 환자의 경우 손발 같은 말단 부위의 작고 미세한 신경이나 일부 자율 신경(방광, 심장 등)이 손상될 수 있으며, 그로 인해 감각 및 운동 기능을 상실하는 단계에 이르기도 해요. 이로 인해 발 부위의 감각이 사라지면 가벼운 상처만으로도 발을 절단하는 지경에 이를 수 있어요.

신경이 눌렸을 때

말초 신경은 뇌나 척수처럼 단단한 막으로 둘러싸여 있는 게 아니기 때문에 압축에 민감해요. 따라서 신경 경로가 좁아지는 문제가 생기면 신경이 눌리고, 그 결과 전기 충격 같은 찌릿한 통증이나 따끔거리는 느낌, 감각이 둔해지는 증상이 나타나요. 다리에 생기는 좌골 신경통이나 손목에 발생하는 손목 터널 증후군이 그 예지요.

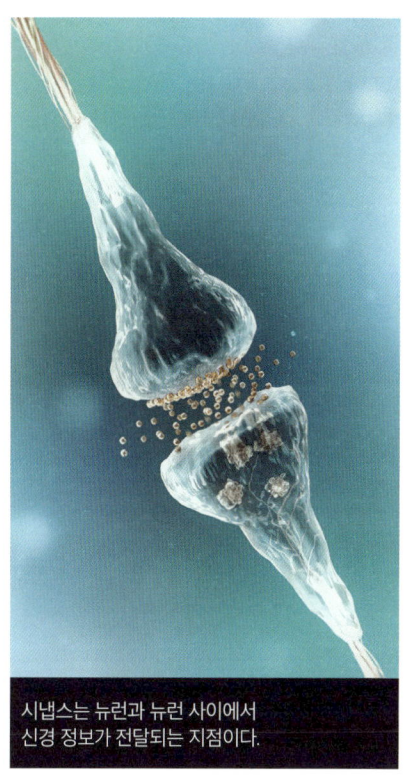

시냅스는 뉴런과 뉴런 사이에서 신경 정보가 전달되는 지점이다.

미세 수술에 도움을 청하라!

현미경을 이용한 미세 수술은 미세한 신경이나 혈관의 수술에 적용되는 기술로, 특히 손이나 얼굴 부위의 상처에 많이 사용돼요. 신경이 절단되면 절단된 양쪽을 직접 잇거나 중간에 조직을 이식해서 빈 공간을 메우는 식의 수술이 진행되며, 이후에 새살이 돋듯이 새로운 신경과 미엘린이 생겨나면서 절단 부위가 아물게 되지요.

시냅스의 화학적 친화력

뉴런을 따라 전달되는 **정보**는 화학적인 성질을 띠고 있어요. 신경 정보가 하나의 뉴런에서 다른 뉴런으로 '점프해서' 이동하는 것이 아니라, 일시적으로 화학 물질로 변환되어 뉴런과 뉴런 사이에 있는 '시냅스'라는 지점을 거쳐 전달되는 것이지요. 따라서 시냅스는 마약이나 독물의 화학적 작용에도 우선적으로 영향을 받아요. 마약이나 독물이 신경 정보의 전달과 수신을 방해하므로, 이에 중독되면 신경이 제 기능을 못 한다는 뜻이지요.

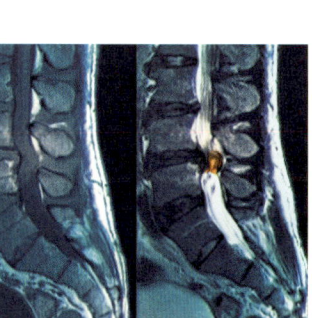

왼쪽: 정상적인 허리의 모습
오른쪽: 허리 부위의 좌골 신경이 눌린 모습

뇌 : 정신 활동의 중심

뇌를 들여다보다

뇌의 활동을 연구하는 학문을 **신경 과학**이라고 해요. 의료 영상 기술이 발달한 덕분에 신경 과학자들은 뇌에서 언제 어떤 영역이 활성화되는지 실시간으로 관찰할 수 있는 단계에까지 이르렀답니다. 예를 들어 동기 부여 및 쾌락과 관련된 보상 회로는 식사와 기도, 콘서트 관람, 성관계 등과 같은 다양한 활동 중에 활성화되고, 자신의 신념에 반대되는 정치적 의견을 만나게 되면 공포, 위협, 기억을 관할하는 영역들이 활성화되지요.

남자와 여자의 뇌

남자와 여자는 성향이 너무 달라서 뇌의 구조가 다르다는 말까지 있어요. 남성과 여성은 정말 뇌가 다를까요? 최근 연구에서는 남녀의 뇌가 어릴 때는 비슷해도 사춘기부터 구조적 차이가 나타나는 것으로 밝혀졌어요. 남성은 신경 연결이 좌뇌는 좌뇌끼리, 우뇌는 우뇌끼리 앞뒤로 연결된 형태가 많은데, 여성은 좌뇌와 우뇌를 가로로 연결해 주는 형태가 많다는 설명이에요. 물론 이 사실이 무엇을 뜻하는지를 밝혀내려면 아직 연구가 더 필요해요.

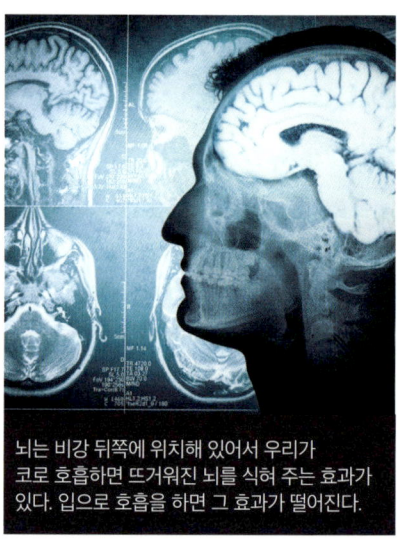

뇌는 비강 뒤쪽에 위치해 있어서 우리가 코로 호흡하면 뜨거워진 뇌를 식혀 주는 효과가 있다. 입으로 호흡을 하면 그 효과가 떨어진다.

최면 상태의 뇌

디폴트 모드는 수면이나 최면, 일부 마취에서 나타나는 뇌의 특별한 활성 상태를 가리키는 말이에요. 의식 불명 상태의 사람은 디폴트 모드의 작동이 줄어들거나 중단되며, 자폐증이나 조현병, 우울증 환자한테서도 작동 장애가 나타나지요. 우울증을 치료할 때에 그 치료 효과를 알아보기 위해 디폴트 모드의 변화를 관찰하는 방법을 쓰기도 해요.

생수 한 병

커다란 생수 한 병 무게는 보통 1.5킬로그램이에요. 우리 뇌의 무게도 딱 그만큼이랍니다!

우리는 뇌의 10퍼센트만 사용하고 있다?

우리가 뇌가 가진 능력의 **10퍼센트**밖에 사용하지 않는다는 이야기를 한 번쯤 들어 보았을 거예요. 이것은 어떻게 보면 맞는 말이에요. 어느 한 가지 일을 할 때는 그 일을 하는 데 필요한 영역이 주로 활성화되기 때문이지요. 하지만 필요하다면 다양한 뇌 영역이 동시에 활성화될 수도 있어요. 대신 그런 일이 일어날 확률은 10퍼센트 정도랍니다. 뇌가 전체적으로 활성화되려면 너무 많은 에너지가 필요하거든요.

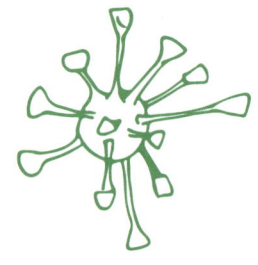

인체를 샅샅이 파헤치다

피노키오의 뇌

뇌 안쪽 깊숙이 자리한 **편도체**는 감정 조절을 담당하는 부위인데, 최근 연구에 따르면 거짓말과도 연관이 있다고 해요. 거짓말을 하면 편도체가 활성화되면서 거짓말을 한 사람에게 불편한 느낌을 들게 하는 거예요. 그런데 만약 거짓말이 자신에게 어떤 이익을 가져다줄 경우에는 편도체의 활동이 점차 줄어들며, 거짓말이 반복되면 불편한 느낌도 더 이상 생기지 않지요. 거짓말을 병적으로 하는 사람들은 편도체가 제 기능을 하지 못해서 그럴 수도 있어요.

엄마의 뇌는 특별하다?

2016년에 임신 여성을 대상으로 이루어진 연구에 따르면, 엄마의 뇌는 보통 사람들과는 다른 특징을 지니고 있다고 해요. 임신 초기에 뇌의 신경 세포가 모여 있는 회백질에 변화가 생기면서 사회적 태도와 타인을 이해하는 방식에 변화가 생기는 거예요. 이 변화는 2년간 지속되면서 엄마가 아이의 욕구를 이해하거나, 위험을 예방하고, 아이와 깊은 관계를 맺을 수 있도록 도와준답니다.

기계로 본 뇌의 활동

뇌파 측정 장치 같은 기계를 이용해 휴식 상태에 있는 **뇌의 활동**을 관찰하면 잡음처럼 보이는 신호가 계속해서 나타나요. 사람들은 처음엔 그것이 기계 자체의 잡음이라고 생각했지만, 사실 그 신호는 뇌가 특별히 할 일이 없을 때 (휴식, 몽상 등) 활성화되는 '디폴트 모드'에 따른 것이었어요. 디폴트 모드에서 뇌는 서로 멀리 떨어진 여러 부위가 네트워크로 연결된 것처럼 활성화되거든요.

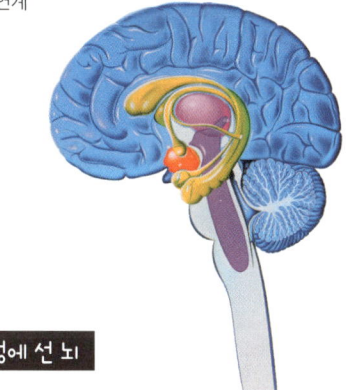

쾌락의 느낌과 연관이 있는 대뇌변연계

법정에 선 뇌

신경 과학은 법의 심판에 활용될 수 있을까요? 이것은 꾸준히 논란이 되는 문제예요. 뇌파를 분석해서 거짓말인지 밝히는 거짓말 탐지기가 수사에 활용되고는 있으나 법적인 증거 능력은 없는 상태예요. 다만 미국에서는 뇌 검사 결과, 공격성을 억제하거나 자신의 행동을 판단하는 데 어려움을 겪는 사람의 경우 형벌을 가볍게 해 주는 사례가 이미 나와 있어요.

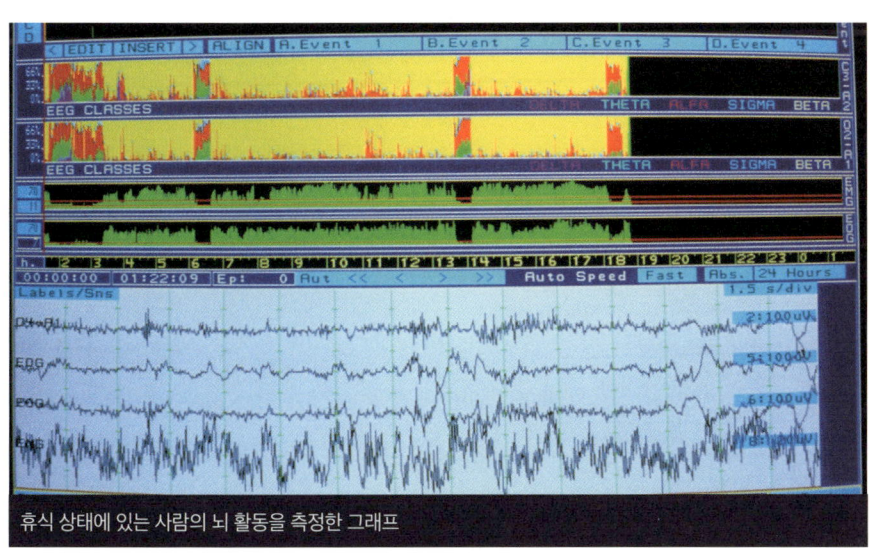

휴식 상태에 있는 사람의 뇌 활동을 측정한 그래프

뇌의 구조

중추 신경계란?

중추 신경계는 뇌와 척수로 이루어져 있어요. 뇌와 척수는 둘 다 보호막에 싸여 있는데, 그 막을 뇌척수막이라고 불러요. 뇌는 두개골 안에 자리해 있고, 척수는 척추 내부의 척주관에 있어요. 뇌는 두개골 내부를 가득 채우고 있지만, 척수는 척추와 성장 방식이 달라서 척주관 전체에 걸쳐 있는 게 아니라 배꼽 높이 정도에서 끝나지요.

1000억 개의 뉴런

신경계를 구성하는 **세포**는 뉴런이에요. 중앙의 핵으로부터 가지가 뻗어 나가는 방사형으로 되어 있고, 축삭돌기라는 기다란 가지로 다른 뉴런과 전기 자극을 통해 신호를 주고받지요. 사람은 860억~1000억 개의 뉴런을 가지고 있는데, 이 뉴런들은 우리가 살아가는 동안 새로 만들어지고 서로 연결되면서 신경망을 만들거나 변화시켜요. 이러한 현상이 인간으로 하여금 학습과 기억을 가능하게 하며, 성격을 만들기도 하지요.

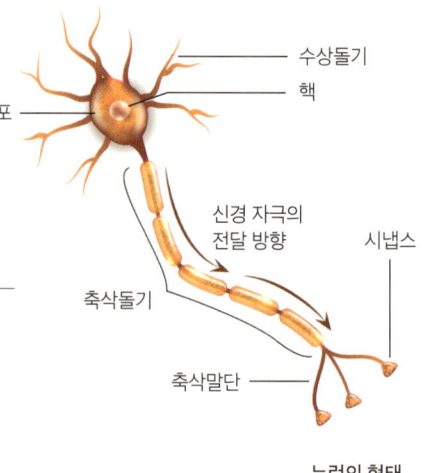

뉴런의 형태

뇌의 해부학적 구조

대뇌는 두 개의 반구로 이루어져 있으며, 두 반구는 다시 전두엽·두정엽·후두엽·측두엽이라는 네 개의 엽으로 나누어져요(각각 전두골·두정골·후두골·측두골과 마주 보고 있어요.). 대뇌 안쪽에는 감정과 장기 기억을 담당하는 섬피질과 대뇌변연계가 있고, 대뇌 아래쪽에는 운동 기능을 주관하는 소뇌와 뇌간이 있어요. 이 조직들 전체가 뇌를 이루는 것이지요.

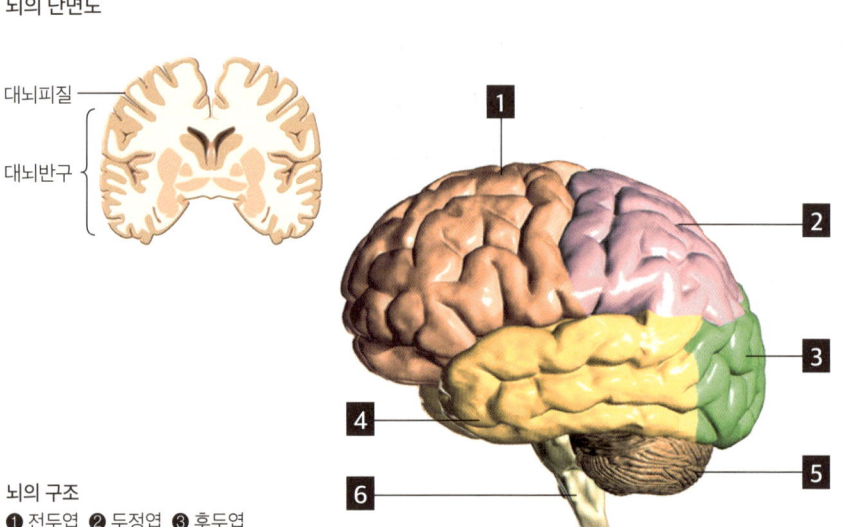

뇌의 단면도

뇌의 구조
❶ 전두엽 ❷ 두정엽 ❸ 후두엽
❹ 측두엽 ❺ 소뇌 ❻ 뇌간

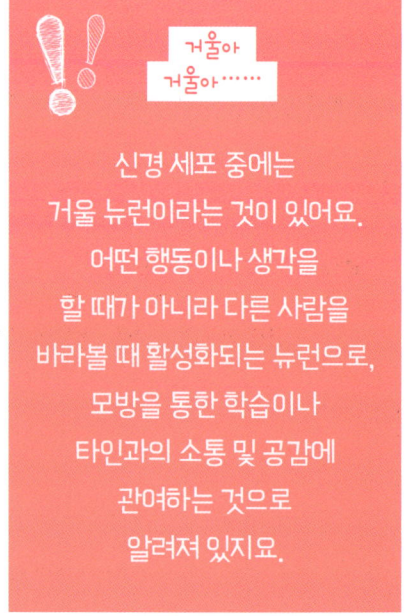

거울아 거울아……

신경 세포 중에는 거울 뉴런이라는 것이 있어요. 어떤 행동이나 생각을 할 때가 아니라 다른 사람을 바라볼 때 활성화되는 뉴런으로, 모방을 통한 학습이나 타인과의 소통 및 공감에 관여하는 것으로 알려져 있지요.

인체를 샅샅이 파헤치다

뇌를 통해 본 인체

전두엽과 두정엽에는 여러 인체 부위와 대응 관계를 이루는 피질들이 모여 있는데, 이 관계를 바탕으로 만든 인체 모형을 두고 '뇌 속의 작은 인간'을 뜻하는 **호문쿨루스**라고 부른답니다. 호문쿨루스에서 각 부위의 형태는 실제 인체 부위와 거의 비슷하지만, 크기는 실제 부위의 운동 능력이나 감각 능력에 따라 달라요. 대응되는 부위의 기능이 복잡하고 풍부할수록 모형 상에서는 크게 묘사되는 것이지요. 그래서 호문쿨루스는 손이 상반신과 팔다리를 다 합친 것보다 커요. 손이 하는 일이 그만큼 많다는 것이지요!

좌우의 차이

최근 연구에 따르면 좌반구가 우반구보다 뉴런이 1억 8600만 개 정도 더 많다고 해요.

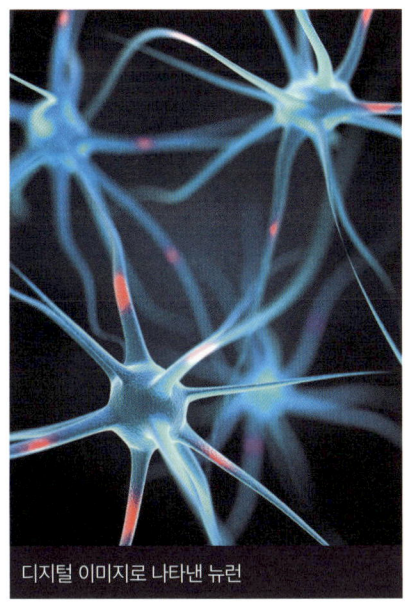

디지털 이미지로 나타낸 뉴런

뉴런을 보호하라

뉴런의 축삭돌기는 **미엘린**이라는 막으로 싸여 있는데, 이 막은 축삭돌기를 보호하면서 신경 신호의 전달 속도를 높여 줘요. 희소 돌기 아교 세포라는 특별한 세포들이 축삭돌기를 40겹까지 둘러싸면서 전선의 피복 역할을 하는 거예요. 미엘린이 손상되면 다발성 경화증 같은 퇴행성 질환이 나타나요.

운동선수들의 고충

뇌진탕은 뇌가 외부 충격으로 두개골 안에서 흔들리거나 두개골 벽에 부딪혔을 때 생기는 가벼운 머리의 외상이에요. 의식을 잃거나 (권투에서의 KO 상태처럼) 구토, 현기증, 정신 착란, 기억 장애 같은 증상이 나타나요. 뇌진탕 증상은 충격을 입은 뒤 곧바로 나타나기도 하지만, 몇 시간이 지나서 나타날 수도 있어요. 머리에 충격이 반복되는 운동(럭비, 하키, 권투 등)을 하는 선수들의 경우, 기분 장애나 기억 장애, 심지어 치매에 이를 수 있는 고질적 만성 뇌 질환의 위험이 80퍼센트까지 높아진대요.

뇌 수집가

영국의 의사 존 코르셀리스는 1950년대부터 40년에 걸쳐 사람의 뇌를 8500개나 수집했어요! 이 중에는 뇌의 조각도 있고, 온전한 전체도 있었지요. 당시에는 환자의 시체에서 뇌를 꺼내도 된다는 허가를 지금보다 쉽게 내주었기 때문에 가능했어요. 존이 수집한 이 뇌들은 환자의 의료 기록과 함께 포르말린이나 파라핀 용액에 보관되어 있었고, 2016년에 정신 질환 연구에 이용되기 위해 벨기에의 어느 정신 병원으로 대부분 보내졌다고 하네요.

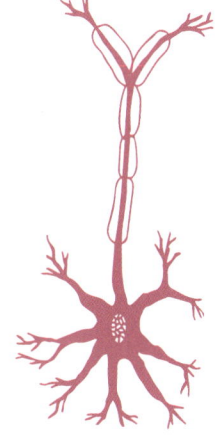

기억과 망각

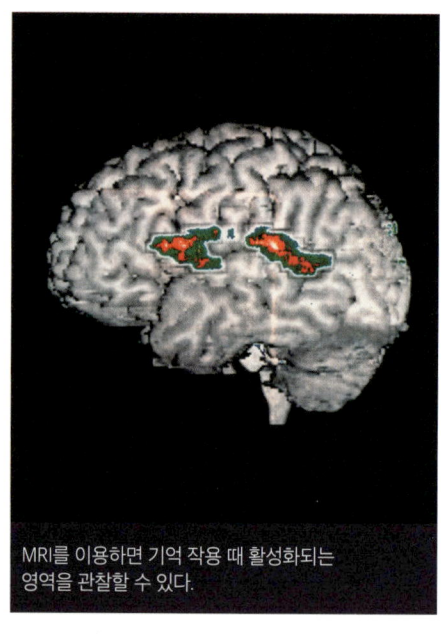

MRI를 이용하면 기억 작용 때 활성화되는 영역을 관찰할 수 있다.

지식과 추억을 저장하다

장기 기억은 단기 기억에서 얻은 유용한 정보를 저장하는 기억으로, 몇 가지 종류로 다시 구분돼요.
- 기술이나 기능에 관계된 절차 기억(자전거 타기, 단추 채우기, 종이 접기 등)
- 지식에 대한 의미 기억(어휘, 지도, 일반 상식 등)
- 개인적인 추억과 그 상황에 대한 기억
- 시각, 후각, 청각, 촉각, 미각과 연결된 지각 기억

또한, 의식적으로 떠올리는 기억은 명시적(외현) 기억, 무의식적으로 떠오르는 기억은 암묵적(내현) 기억이라고 해요.

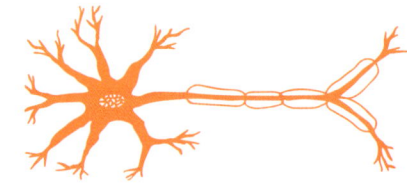

기억과 망각

기억한 것을 잊어버리는 **망각**은 기억 작용의 일부분이에요. 전부 다 기억하면 의식이 불필요한 기억으로 복잡해지기 때문에 뇌가 유용한 기억만 선별해서 저장하는 것이지요. 두 살 이전의 기억은 일곱 살 무렵에 지워져요. 또한 뇌는 사건의 핵심만 기억하기 위해 기억을 압축해서 저장하며, 덕분에 어떤 일에 대한 기억을 '빨리 감기 버튼'을 누르듯이 되살릴 수 있어요.

기억 훈련

기억 작용은 정보를 기호의 형태로 저장했다가 다시 복원하는 과정으로 이루어져요. 이를 위해서는 뉴런들 사이의 연결에 변화가 생기거나 새로운 연결이 만들어져야 하지요. 이를 '신경 가소성'이라고 불러요. 이로 인해 뉴런의 배열은 사람마다 다르며, 기억 훈련을 하면 1시간에 데이터를 2000개까지 암기할 수 있답니다.

기억의 해부학

뇌에서 기억을 담당하는 중추가 정확히 따로 있는 것은 아니에요. 하지만 전두엽과 측두엽, 대뇌변연계가 기억에 관여하는 것으로 알려져 있어요. 대뇌변연계는 대뇌 안쪽에 위치한 부위로, 해마와 편도체, 유두체 등 감정 및 기억과 관련된 여러 조직으로 이루어져 있답니다.

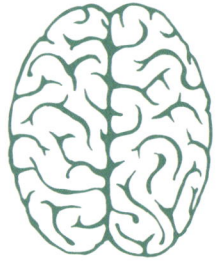

인체를 샅샅이 파헤치다

과잉 기억의 부담

아우렐리엔 헤이먼이라는 영국 청년은 이른바 **과잉 기억 증후군**을 앓고 있어요. 기억력이 너무 좋고, 잘 잊어버리지 않는 병이에요. 덕분에 어렸을 때부터 겪어 온 모든 일을 하루하루 자세하게 기억할 수 있지만, 문제는 나쁜 기억을 잊을 수도 없다는 것이에요. 고통스러운 일에 대한 과잉 기억은 퇴역 군인이나 나치 강제 수용소 등 끔찍한 경험을 한 사람들한테서도 나타나며, 편집증이나 악몽, 불면증으로 이어지기도 해요.

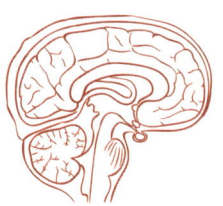

병적인 망각

대표적인 **기억 장애**는 새로운 사실을 기억하고 정보를 다시 생각해 내는 일이 어렵거나 불가능한 증상이에요. 알고 있던 것이나 겪은 일을 잘 기억하지 못하는 것이지요. 가벼운 경우는 피로 누적이나 약물 복용에 의한 것일 수 있지만, 퇴행성 신경 질환에서처럼(파킨슨병, 알츠하이머병, 헌팅턴병 등) 심각한 경우는 정신적 외상이나 종양, 혈관 손상이 원인일 수도 있어요.

잠이 보약

수면은 기억 작용에서 중요한 역할을 해요. 우리가 잠자는 동안 뇌가 수집된 정보들 중에 꼭 필요한 것만 골라 회로에 저장하면서 기억을 정리하기 때문이에요.

결핍에 의한 건망증

'건망증'이라고 불리는 **코르사코프 증후군**은 만성 알코올 중독이나 과도한 영양실조에 따른 티아민(비타민B1)의 결핍과 관계가 있어요. 티아민의 결핍으로 뇌가 손상되면서 심각한 기억 장애가 나타나는 거예요. 코르사코프 증후군 환자는 자신이 처한 현재의 상황을 정확하게 판단하지 못하며, 기억의 결함을 메우기 위해 가짜 기억을 만들어 내기도 한답니다.

알츠하이머병

노인성 치매로 알려진 **알츠하이머병**은 보통 65세 이상의 연령에서 나타나는 질환이에요. 통계청이 2020년에 우리나라 노인들이 어떤 질병으로 사망했는지 조사해 본 결과, 알츠하이머병이 5위를 차지할 만큼 흔한 병이 되었어요(1위는 암, 2위는 심장 질환, 3위는 폐렴, 4위는 뇌혈관 질환). 알츠하이머는 보통 사소한 것들을 부분적으로 기억을 못 하는 증상을 보이다가 나중에는 몸이 자연스레 기억하던 것들마저 잊어버려요(내가 살고 있는 집의 위치 같은 것). 뉴런이나 신경계의 문제이지만, 아직 정확한 원인은 밝혀지지 않았답니다.

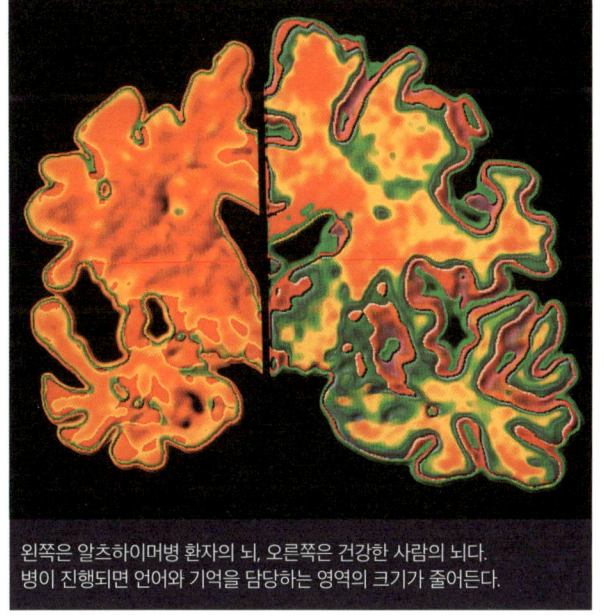

왼쪽은 알츠하이머병 환자의 뇌, 오른쪽은 건강한 사람의 뇌. 병이 진행되면 언어와 기억을 담당하는 영역의 크기가 줄어든다.

호르몬이 원인?

호르몬은 어디에서 나올까?

호르몬은 인체 여러 곳에서 나와요. 호르몬 분비 기능만을 담당하는 내분비 기관(부신, 갑상선 등)뿐만 아니라 다른 기능을 하는 기관에 자리한 내분비 세포(췌장, 고환, 난소 등에 있는 랑게르한스 세포), 그리고 주로 소화기 계통에 있는 세포들이 호르몬의 원천이지요.

조절 역할

호르몬은 인체가 스스로 기능을 조절하기 위해 분비하는 화학 물질이에요. 어떤 호르몬은 인체 기능을 일정하게 유지시키는 역할을 하고, 또 어떤 호르몬은 갑작스레 변화되는 인체의 환경에 대처하는 역할을 하지요.

- 아드레날린 : 스트레스를 일으킨다.
- 멜라노트로핀 : 색소 형성을 활발하게 만든다.
- 멜라토닌 : 수면을 조절한다.
- 옥시토신 : 분만을 할 때 자궁을 수축시키고, 수유를 할 때 젖의 분비를 촉진한다.
- 바소프레신 : 수분을 재흡수해서 소변의 양을 줄인다.

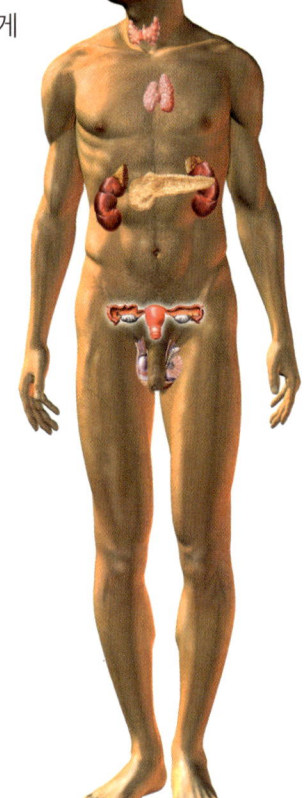

내분비 조직은 시상하부, 뇌하수체, 췌장, 신장, 흉선, 난소, 고환, 송과선, 갑상선, 부갑상선, 부신 등에 분포되어 있어요.

피드백

호르몬은 분비된 지점에서 멀리 떨어진 곳까지 가서 활성화되기 때문에 호르몬을 분비하는 조직은 **피드백**이 필요해요. 호르몬 분비를 계속하거나 늘려야 하는지(양성 피드백), 아니면 중단하거나 줄여야 하는지(음성 피드백) 결정하기 위해 '중간 보고'를 받는 것이지요.

아기의 호르몬

태아는 배아 단계에서부터 자궁 안에 잘 붙어 있을 수 있도록 도와주는 호르몬을 분비해요.

부정 행위의 도구

경기 전에 운동선수들을 대상으로 하는 **도핑 테스트**를 알고 있나요? 도핑은 부정 약물을 사용해 체력을 극도로 끌어올리는 불법 행위예요. 여기서 말하는 부정 약물은 사실 호르몬이랍니다. 남성 호르몬 테스토스테론의 부산물인 단백 동화 스테로이드가 그것으로, 단백질 합성을 촉진시키는 기능 때문에 근육량을 늘리는 데 사용돼요. 하지만 이 호르몬을 과하게 복용하면 여드름이 난다거나, 콜레스테롤 수치가 변화한다거나, 불임에 이르는 문제가 생길 수 있으며, 심한 경우 심장 수축 장애로 사망할 수도 있어요.

배고픔은 호르몬의 문제?

우리가 먹은 음식물은 효소의 작용에 의해 영양소로 분해되며, 분해된 영양소는 장의 벽을 거쳐 혈액으로 옮겨 가서 온몸의 세포로 전달돼요. 특히 지방 세포는 영양소를 저장하는 역할을 하는데, 지방을 구성하는 트리글리세라이드가 인체에 다량으로 저장되면 **렙틴**이라는 호르몬을 통해 뇌에 신호를 보내요. 그러면 배가 고픈 느낌이 사라지지요.

호르몬의 혼란

내분비 교란 물질은 공기와 물, 각종 소비 제품을 통해 인체로 흡수되는 자연 물질이나 합성 물질 중에서 내분비계에 혼란을 일으키는 물질을 말해요. 쉬운 말로 '환경 호르몬'이라고도 부르지요. 분자의 화학 구조가 인체의 천연 호르몬과 유사해서 인체와 상호 작용을 할 수 있는데, 정상 호르몬의 작용을 방해하기도 하고, 자신이 그 작용을 대신하면서 정상 호르몬처럼 행세하기도 해요. 이제까지 알려진 내분비 교란 물질로는 과거에 임신부의 유산을 막기 위해 여성 호르몬제로 처방되던 디에틸스틸베스트롤, 플라스틱 제품에 들어 있는 프탈레이트와 비스페놀A, 화장품에 방부제로 쓰이는 파라벤 등이 있어요. 식물성 에스트로겐으로 불리는 대두의 이소플라본도 어떤 의미에서는 내분비 교란 물질이지요.

콜레스테롤은 나쁜 것이 아니다

콜레스테롤은 건강에 좋지 않다고 알려져 있으나 호르몬의 관점에서 보면 유익한 물질이에요. 인체에 꼭 필요한 스테로이드 호르몬의 원료가 되기 때문이지요. 성 호르몬(에스트로겐, 프로게스테론, 테스토스테론)이 대표적인 스테로이드 호르몬으로서, 뼈의 성장과 성의 분화, 2차 성징의 발달, 여성의 임신 유지에서 중요한 역할을 합니다.

호르몬과 피임

여성의 혈중 호르몬 농도는 생리 주기에 따라 변화하는데, 이 변화를 연구해서 만들어진 것이 바로 **호르몬 피임법**이에요. 에스트로겐과 프로게스테론을 소량 투여해서 배란을 억제하고, 자궁 내에 착상되지 않도록 막고, 정자의 운동성이 느려지도록 유도하는 거예요. 먹는 경구 피임약은 그 세 가지 작용이 결합된 것으로, 정확하게만 복용하면 99퍼센트가 넘는 피임 효과를 얻을 수 있답니다.

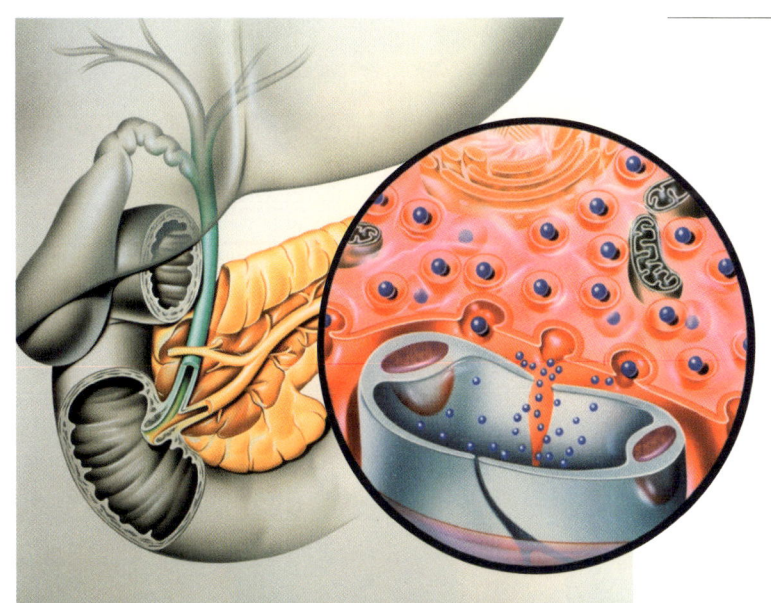

췌장(노란색)의 세포(붉은색)에서 인슐린(푸른색)을 만들어 모세 혈관으로 보내는 모습을 나타낸 그림. 인슐린은 혈중 당 농도를 조절하는 역할을 한다.

뇌의 장난들

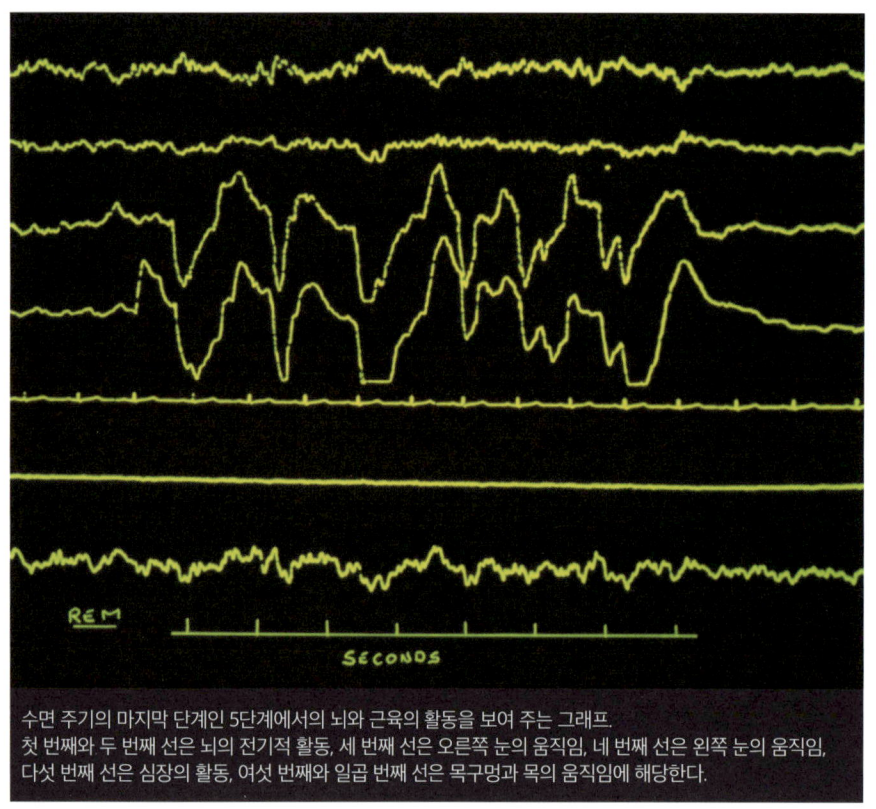

수면 주기의 마지막 단계인 5단계에서의 뇌와 근육의 활동을 보여 주는 그래프. 첫 번째와 두 번째 선은 뇌의 전기적 활동, 세 번째 선은 오른쪽 눈의 움직임, 네 번째 선은 왼쪽 눈의 움직임, 다섯 번째 선은 심장의 활동, 여섯 번째와 일곱 번째 선은 목구멍과 목의 움직임에 해당한다.

좋은 꿈 꾸세요

우리는 처음부터 끝까지 일정하게 잠을 자는 것 같지만, 사실 잠을 자는 동안 수면 주기는 조금씩 변화하고 있어요. 렘 수면은 다섯 단계로 이루어진 수면 주기 가운데 마지막 단계로, 꿈은 바로 이 단계에서 꾸게 돼요. 몸은 자고 있으나 뇌는 깨어 있다고 해서 '역설 수면'으로도 불립니다. 근육이 일시적으로 마비되어 몸의 움직임이 제한되고 감각 기관도 '오프라인' 상태에 있지만, 논리적 사고와 '검열'을 담당하는 전(前) 전두엽은 깨어 있기 때문이에요.

꿈이 기억난다고?

꿈을 기억하는 데는 '뇌교'라는 부위가 중요한 역할을 하며, 여러 신경 전달 물질도 관계가 있어요. 특히 아이들의 경우 잠을 자는 동안 뉴런들이 새롭게 연결되면서 꿈의 기억을 도와주는 것으로 확인되었어요. 그리고 한 번도 꿈을 꾼 적이 없다고 확신하는 사람도 사실은 꿈에 대한 기억을 저장하는 능력이 부족할 뿐이에요. 하지만 꿈의 성질 자체는 아직 명확히 설명되지 못하고 있으며, 꿈을 무의식의 표현으로 보는 프로이트식 해석도 과학자들 사이에서는 논쟁의 대상이 되고 있답니다.

뇌의 착각

신체 일부를 절단하는 수술을 받은 사람 중 60퍼센트 이상은 절단되고 없는 부위에서 계속 통증을 느끼는 '환각지 증후군'을 겪어요. 다리를 절단했는데, 발가락이 아픈 것 같은 느낌이 드는 거예요. 뇌는 신체 일부가 없는 상태에서도 오랫동안 그 부위를 몸에 포함시켜 생각하기 때문이에요. 이와는 반대로, 몸은 멀쩡한데 뇌가 손상으로 인해 신체의 절반을 '잊어버리는' 경우도 있어요. 이러한 증상을 겪는 환자는 공간에서 위치를 잡기가 어려우며, 접시에 담긴 음식도 절반만 먹고, 그림을 베껴 그릴 때도 절반만 그린답니다.

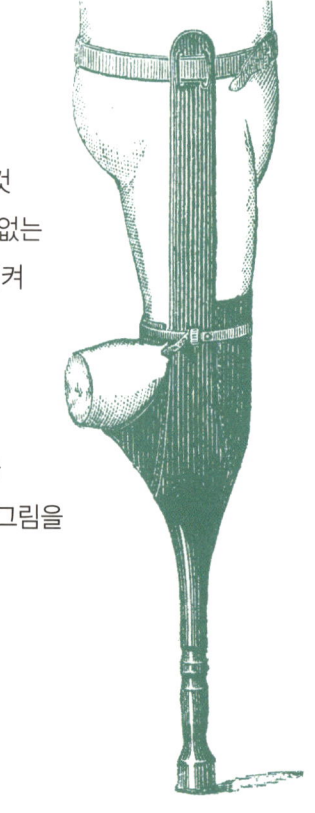

인체를 샅샅이 파헤치다

환각이 보여!

1960년대 미국에서는 기성세대의 문화와 질서에 반항하는 젊은 '비트족'들이 있었어요. 그들 사이에서는 LSD 같은 약물이나 일부 버섯을 이용한 **환각 체험**이 유행했답니다. 버섯이 어떻게 환각을 일으키느냐고요? 실로시빈이라는 성분이 뇌에 영향을 미치기 때문이에요. 실로시빈은 뇌에서 우리가 세상과 자기 자신을 올바르게 지각하고 의식하게 해 주는 영역의 활동을 중단시켜요. 따라서 감각을 관할하는 영역이 자율성을 띠게 되면서 환각이라는 비정상적인 연상 작용이 나타나는 것이지요. 환각을 유발하는 향정신성 의약품에 취한 사람은, 강렬한 색깔의 일그러진 이미지를 보게 되고, 기분 좋은 사건을 더 잘 기억해요. 그래서 학자들은 이러한 성분을 우울증 치료에 쓸 수 있는지 연구하고 있답니다.

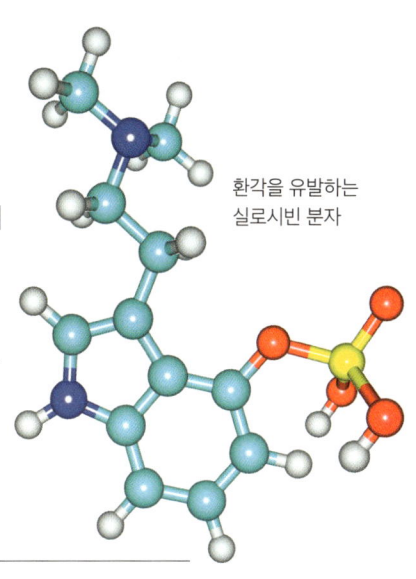

환각을 유발하는 실로시빈 분자

 **왜 시원하지?**

박하사탕은 차갑지도 않은데 먹으면 왜 시원한 느낌이 들까요? 박하가 입안에서 차가움을 감지하는 수용체를 활성화시키기 때문이에요. 그 수용체가 뇌에 '시원하다'는 잘못된 정보를 보내는 것이지요.

이런 일 있었던 것 같은데!

데자뷔란 어떤 일이 벌어지고 있을 때 그 순간을 이미 경험한 것 같은 느낌이 드는 현상을 말해요. 젊은 연령에서 자주 나타나고, 스트레스나 피로가 쌓이면 심해지며, 간질 환자의 경우 거의 지속적으로 겪어요. 2016년의 연구에 따르면 데자뷔가 일어날 때 장기 기억 회로는 활성화되지 않는대요. 실제로 활성화되는 영역은 의사 결정에 관여하는 전두엽 부위이며, 따라서 학자들은 데자뷔가 기억의 점검 과정과 관련이 있을지도 모른다는 가설을 내놓고 있어요. 뇌가 현재 경험하고 있는 일이 과거에 경험한 일과 정말 다른 경험인지 확인하는 과정에서 데자뷔가 발생할 수 있다는 것이지요.

최면 치료

인체가 **최면 상태**에 놓이면 몇 가지 현상이 나타나요. 특히 뇌에서는 집중하게 만드는 영역이 크게 활성화되며, 자의식과 인지적 유연성에 관계된 영역들 사이의 교류가 활발해지고, 나머지 영역은 활동이 정지된 상태가 돼요. 따라서 이때 사람은 자신이 겪은 일을 의식이 완전히 깨어 있을 때와는 다르게 한 걸음 물러서서 바라보게 되지요. 의학에서 최면은 주로 스트레스와 불안증을 치료하거나 통증을 조절하는 데 쓰이며, 다른 질환의 보조적인 치료법으로 많이 활용되고 있어요. 최면을 이용해 마취제 없이 수술을 받는 경우도 있답니다.

최면 요법을 받는 여성

배고픔도 과학이다

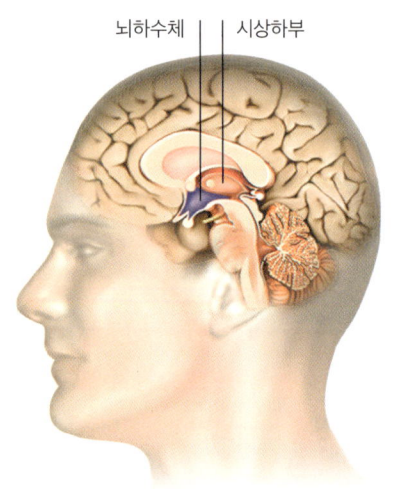

뇌하수체 | 시상하부

뇌에서 시상하부의 위치를 나타낸 그림

허기의 화학

화학적 관점에서 허기, 즉 배가 고픈 느낌은 시상하부가 조절하는 호르몬에 의해 나타나기도 하고 사라지기도 해요. 혈당 수치가 내려가면 위장의 세포에서 '그렐린'이라는 호르몬이 분비되면서 배고픈 느낌이 드는 거예요. 그래서 만약 위장의 일부를 잘라내면 그렐린을 분비하는 세포가 줄어들고, 따라서 식욕도 줄어들게 되지요. 반면 배가 부른 느낌, 즉 포만감은 지방 세포와 장 세포에서 '렙틴'과 '콜레키스토키닌'이라는 호르몬이 분비될 때 나타나요.

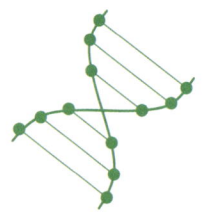

허기가 사라지는 순간

포만감은 특정한 정보가 들어오면 느껴져요. 혈액 정보(호르몬, 영양소, 당분의 존재), 기계적 정보(위장이 채워진 상태), 신경 정보(소화가 이루어지는 동안 부교감 신경계가 배고픔을 억제), 호르몬 정보, 감각 정보(배가 부른 상태가 되면 더부룩하고 토할 것 같은 느낌) 등이죠. 그리고 최근의 연구에 의하면, 포만감을 만들 때 장에 살고 있는 세균들은 각각의 영양소가 충분히 공급되었다는 정보를 뇌에 전달한대요.

가짜 설탕과 식욕

일명 '가짜 설탕'인 인공 감미료(아스파탐, 사카린, 시클라메이트 등)는 칼로리가 거의 없으면서도 강한 단맛을 내요. 그래서 당뇨병이나 체중 감소 등을 이유로 당 섭취를 줄여야 하는 사람과, 다이어트를 하는 사람들이 주로 찾는답니다. 그런데 뇌는 단맛이 들어오면 칼로리가 함께 들어온다고 생각해요. 인공 감미료는 단맛만 있고 칼로리가 없어 뇌가 혼란을 느껴요. 그래서 뇌는 자신의 기대와 필요에 맞추기 위해서 음식을 더 섭취할 것을 요구하지요. 원래 의도한 것과는 반대로 식욕이 올라가는 효과가 나타나는 거예요.

인체를 샅샅이 파헤치다

치즈는 질색이야!

2016년에 신경 과학자들은 음식에 대한 **거부감**을 연구하기로 했어요. 많은 음식 중에 '치즈'를 연구 대상으로 선택했고, 검사 집단의 6퍼센트가 치즈를 좋아하지 않는 거부감을 보였어요. 특히 15명의 지원자를 대상으로 치즈에 대한 거부감에 따른 뇌 활동을 관찰한 실험에서는 몇 가지 결과가 드러났어요. 우선 치즈를 싫어하는 사람은, 치즈가 앞에 있어도 배고플 때 뇌에서 활성화되는 부위가 계속 비활성 상태로 남아 있었어요. 그런데 반대로, 치즈 외에 자신이 좋아하는 음식을 보았을 때는 뇌의 보상 회로 영역이 치즈를 좋아하는 사람보다 오히려 더 많이 활성화되었답니다. 그래서 연구자들은 뇌 차원에서의 쾌감과 불쾌감에 관해 새로운 질문을 제기하게 되었어요.

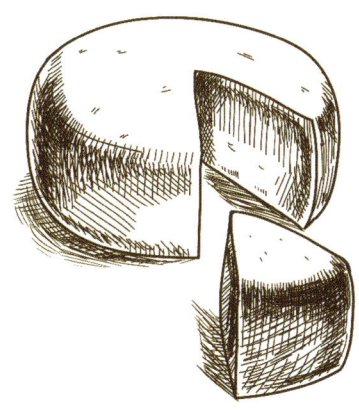

시계처럼 정확한

식욕은 시계를 힐끗 쳐다보는 것만으로도 생겨난대요! 식욕에는 생체 리듬의 영향이 크게 작용하기 때문이에요. 예를 들어 점심을 낮 12시에 먹는 습관을 가지고 있다면, 11시 45분쯤이 되면 혈당 수치가 높더라도 그렐린이 분비돼요. 게다가 냄새 같은 외부 자극도 허기를 불러일으킬 수 있지요. 냄새가 음식에 관한 기억이 저장된 '해마'와 '시상하부의 회로'를 활성화시키기 때문이랍니다.

맛은 어떻게 느낄까?

우리가 음식을 먹을 때 침은 음식의 성분을 하나하나 분해해서 그 분석을 담당하는 수용체, 즉 혀의 돌기에 있는 '**미뢰**'로 보내요. 그러면 미뢰는 분석된 정보를 뇌로 보내고, 그 결과 쾌감이나 불쾌감 등 다양한 반응이 생겨나는 거예요. 성인의 혀에는 미뢰가 약 1만 개 정도 있어요. 감기에 걸렸을 때 입맛이 없는 이유는 미뢰의 작용이 둔해지기 때문이며, 나이가 들면 미뢰의 수가 줄어들어서 맛이 더 강하고 자극적이어야 느낄 수 있게 된답니다.

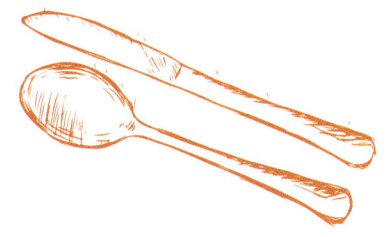

흙을 먹는 병

'이식증'은 음식이 아닌 물질, 예를 들어 흙이나 종이, 먼지, 머리카락 따위를 먹는 행동 장애를 말해요.

뇌가 결정하는 것!

뇌는 맛을 차별해요. 우리가 단 음식을 먹는지 아니면 짜거나 쓴 음식을 먹는지에 따라 다른 영역이 활성화되기 때문이에요. 뇌의 '맛 지도'는 우리가 사는 동안 다양한 경험에 따라 변화하면서 이런저런 맛을 쾌감이나 불쾌감에 연결 짓지요.

복제와 줄기세포 : 환상과 현실

복제란 무엇인가?

복제는 어떤 개체와 동일한 유전 형질을 가진 개체를 하나 이상 만드는 것을 말해요.

1996년의 돌리와 이언 윌머트

용어의 기원

복제 생물을 뜻하는 '클론(clone)'은 '새순'을 뜻하는 그리스어에서 유래한 용어로, 1903년에 미국의 식물학자 허버트 존 웨버가 일부 식물의 무성생식 형태를 가리키기 위해 처음 사용했어요.

복제의 여러 종류

복제는 자연적이거나 인위적인 번식 방식에서도 볼 수 있어요. 예를 들어 세포 분열을 통한 번식은 자연적인 복제에 속하지요. 원핵생물(핵이 없는 세포로 이루어진 아주 기본적인 형태의 생물)과 대부분의 단세포 진핵 생물, 그리고 주로 식물에 속하는 일부 다세포 생물에서 볼 수 있는 번식 방법이에요.

돌리야, 반가워!

1996년, 동영국의 과학자 이언 윌머트와 키스 캠벨은 복제 양 돌리의 탄생을 세상에 알렸어요. 핵을 제거한 난세포에 다 자란 양에게서 추출한 세포핵을 삽입해 태어난 최초의 포유류였지요. 그동안 다른 복제 동물들도 있었지만 돌리는 더욱 특별했어요. 다른 복제는 수정란 상태에서 시도되었지만, 돌리는 이미 태어나 있는 성체 양을 복제했고, 양서류나 파충류 외에 포유류 복제 성공은 처음이었거든요.

원본과 똑같은 사본?

포유류인 복제 양이 탄생했다면, 같은 포유류인 인간도 복제할 수 있을지 모른다는 뜻이기에 사람들은 크게 놀라며 동요했지요. 하지만 생물학자이자 철학자인 앙리 아틀랑 같은 일부 과학자들은 여론의 과도한 반응을 진정시켰어요. 사실 돌리는 엄밀히 말하면 '클론'이 아니라고 말이죠. 핵의 이식을 통해 태어난 돌리의 미토콘드리아 DNA는 어미 양과 다르기 때문이에요. 그리고 만약 어떤 세포와 똑같은 것을 만들어 냈다 해도 결국은 일란성 쌍둥이를 만들어 내는 일일 뿐, 미치광이 과학자의 조작 같은 것과는 상관이 없어요. 게다가 같은 유전자를 지닌 쌍둥이도 똑같은 복사본이라고 말할 순 없어요. 유전적 요인 외에도 후천적인 요인이 개체 발달에서 중요한 역할을 하기 때문이지요.

복제 인간?

2002년, '라엘리안 무브먼트'라는 종교와 관련된 인간 복제 회사 클로네이드는 최초의 복제 인간이 태어났다고 주장했어요. 그러나 증거는 어디에도 없었고, 곧 사람들에게서 잊혀졌어요. 조금 더 진지한 인간 복제는 2013년에 오리건 보건 과학 대학의 슈크라트 미탈리포프 교수의 연구진이 처음 성공했어요. 물론 완전한 개체가 태어난 것이 아니라 안정적인 세포를 얻었을 뿐이지만요.

인체를 샅샅이 파헤치다

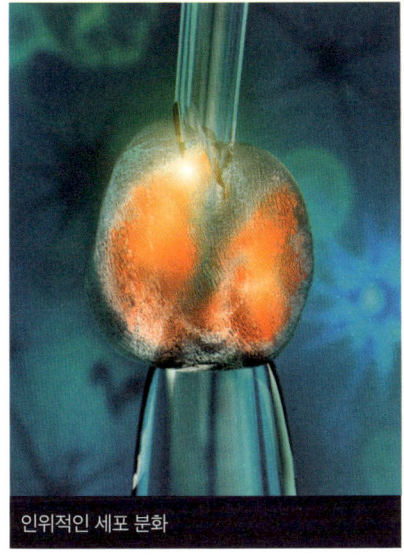
인위적인 세포 분화

치료를 위한 복제

인간 복제가 광신적인 망상이나 공상 과학적인 상상력의 대상이 되고 있지만, **치료를 위한 복제**는 진지한 연구의 길을 가고 있어요. 성인의 개체를 복제하는 것이 아니라, 인체의 어떤 조직으로든 분화할 수 있는 배아 줄기세포를 복제해서 치료에 쓰는 것이 그 목적이지요. 줄기세포가 환자에게 거부 반응을 일으키지 않는 조직이나 장기를 제공해 주는 '은행'의 역할을 하게 되는 거예요.

줄기세포의 힘

그러나 배아의 줄기세포를 복제하는 것 역시 **윤리적인 문제**를 안고 있어요. 아직 태어나지는 않았지만 배아 역시 하나의 생명이기 때문이며, 복제를 위해 여성의 난자를 사용하므로 여성 인권 문제도 있어요. 그래서 학자들은 복제보다는 다른 방법으로 얻은 줄기세포의 사용을 선호하고 있어요. 줄기세포 중에서도 배아의 줄기세포는 '만능 세포'라는 별명답게 인체의 어떤 세포로든 분화할 수 있으나, 이미 성장한 성체의 줄기세포는 부분적으로 분화가 진행된 상태기 때문에 종류에 따라 정해진 세포로만 분화할 수 있어요.

새로운 줄기세포

줄기세포에 관한 초기 연구들이 배아에서 얻은 줄기세포를 이용하는 동안, 2006년에 일본 교토 대학의 야마나카 신야 교수의 연구진은 2012년 노벨 의학상을 받게 되는 새로운 기술을 개발했어요. 성체의 줄기세포를 '초기화'시켜 미분화 상태로 되돌려 놓는 방법을 통해 다시 어떤 종류의 세포로든 분화할 수 있는 **'유도 만능 줄기세포'**를 만드는 데 성공한 거예요.

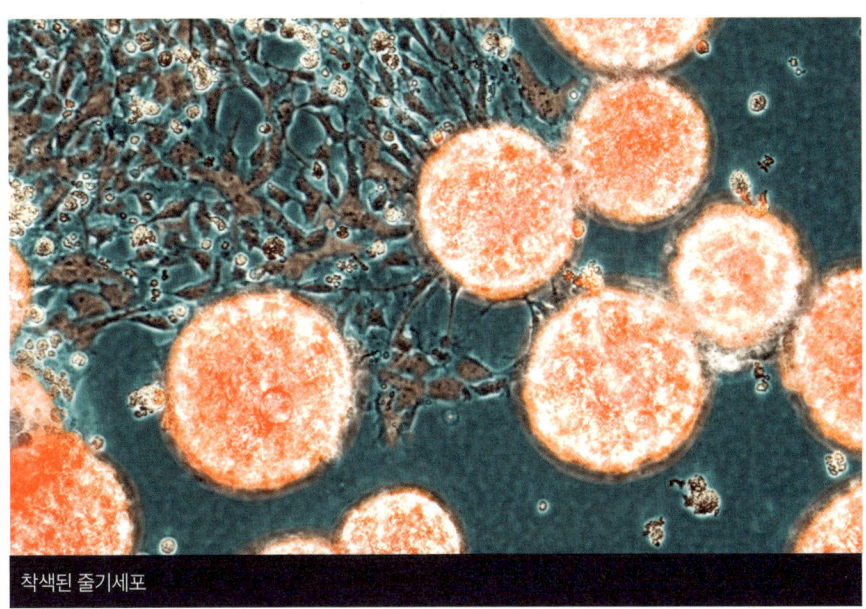
착색된 줄기세포

109

HIV : 의학이 풀어야 할 숙제

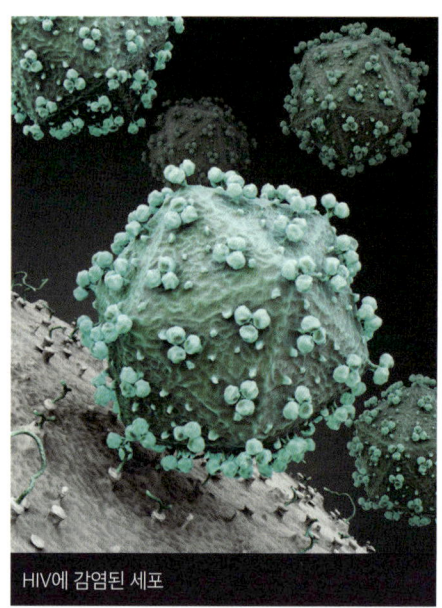

HIV에 감염된 세포

바이러스성 감염

에이즈(AIDS)를 일으키는 바이러스의 정식 명칭은 '인간 면역 결핍 바이러스'로, 간단히 HIV(Human Immunodeficiency Virus)'라고 불러요. 체내의 면역이 급격히 떨어져 사망에까지 이를 수 있는 치명적인 질병으로, 성관계, 감염 혈액(주사기, 수혈, 분만), 모유를 통해서 옮는 전염병이지요. HIV를 몸에 지니고 있는 사람을 'HIV 보균자'라고 불러요.

발견 업적을 둘러싼 다툼

1985년에 HIV가 **발견**된 이후, 프랑스의 파스퇴르 연구소와 미국의 국립 암 연구소 사이에서는 누가 먼저 HIV를 발견했느냐를 놓고 다툼이 벌어졌어요. 분쟁은 1994년에 마무리되었고, 파스퇴르 연구소의 프랑수아즈 바레시누시와 뤼크 몽타니에가 HIV를 발견한 업적으로 2008년 노벨 의학상을 받게 되었어요.

한국의 에이즈

예방과 치료 기술의 발전으로 전 세계적으로는 에이즈에 걸리는 신규 환자가 줄어들고 있지만, 우리나라는 오히려 늘어나고 있어요. 2018년에는 1200명이 넘는 HIV 보균자가 밝혀졌고, 이 중 60퍼센트는 20~30대의 젊은이였어요. 아직 드러나지 않은 사람들까지 포함하면 숨겨진 보균자는 훨씬 많을 거예요.

치료 전략

현재 HIV에 대한 치료법으로는 세 가지 이상의 약물을 섞는 '칵테일 요법'으로 불리는 방법이 제안되고 있어요. 림프구의 수치를 유지시키고 바이러스의 양을 줄이는 것이 치료의 핵심이에요. 항 HIV 치료는 평생 받아야 하며, 부작용이 많이 따르기 때문에 이에 대응하기 위한 약도 함께 복용해야 해요.

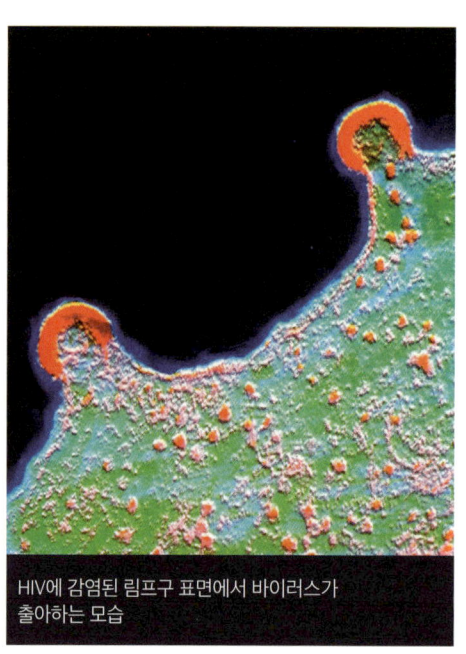

HIV에 감염된 림프구 표면에서 바이러스가 출아하는 모습

HIV와 면역 세포

HIV가 인체에 치명적인 이유는 **면역성**을 떨어뜨리기 때문이에요. HIV는 면역 작용과 관계된 CD4 수용체를 가진 세포, 특히 인체의 방어 기능을 지휘하는 T4 림프구에 달라붙어 기생하거든요. 그러면 다른 면역 세포들이 HIV에 감염된 림프구를 병원균으로 인지해서 파괴하고, 그 결과 저항력이 떨어진 면역 결핍 상태에 이르는 거예요. 따라서 면역이 약해지면 다른 모든 감염이 치명적인 위험이 될 수 있는 것이지요.

인체를 샅샅이 파헤치다

증상 단계

에이즈(AIDS)는 '후천성 면역 결핍증(Acquired Immune Deficiency Syndrome)'의 줄임말로, HIV 감염의 마지막 단계에 해당해요. 바이러스에 처음 감염되면 감기와 비슷한 증세가 나타나며(바이러스가 퍼지는 시기), 이어서 잠복기가 길게는 몇 년씩 지속돼요(면역 반응이 바이러스에 대처하고 있는 시기). 그러다 면역 기능이 너무 떨어져서 가벼운 감염에도 대처할 수 없게 되면 '기회 감염'이라고 불리는 질병에 쉽게 걸리는 상태, 즉 에이즈에 이르는 거예요.

콘돔에 주목!

콘돔은 역사가 아주 오래 되었어요. 8000년 전 제작된 이집트 조각상에 이미 콘돔이 묘사되어 있거든요. 가죽, 아마(식물), 염소 방광, 동물의 내장, 얇은 종이, 고무, 라텍스, 폴리아이소프렌 등으로 만들어져 왔고, 봉지나 주머니를 뜻하는 단어로도 불려 왔으며, 남성용도 있고 여성용도 있어요. 콘돔은 피임 도구이기도 하지만, HIV를 포함해 성관계에 의해 발생하는 감염을 효과적으로 예방할 수 있는 유일한 수단이기도 하지요.

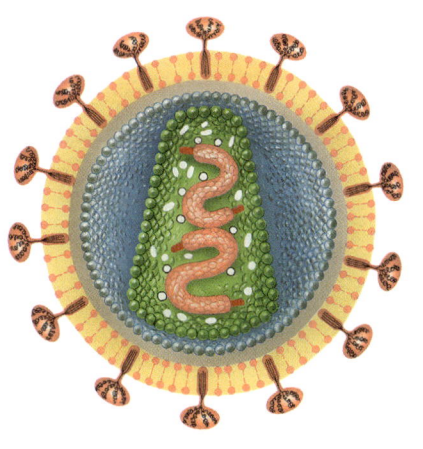

바이러스에 감염된 세포를 도식화한 그림

세계적 유행병

다행히 에이즈로 사망하는 사례나, 엄마를 통해 아이가 감염되는 사례는 줄어들고 있어요. 하지만 에이즈는 여전히 전 세계에 퍼져 있으며 쉽사리 줄어들지 않고 있어요. 유엔은 에이즈의 유행을 2030년까지 종식시키겠다는 목표를 발표하기도 했답니다.

세계의 에이즈

그동안 전 세계에서 에이즈로 사망한 사람은 3000만 명 이상이에요. 세계 보건 기구(WHO)에 의하면 2018년을 기준으로 신규 HIV 감염인과 에이즈 환자는 전 세계적으로 170만 명이나 되지요.

더 좋은 치료법을 찾아서

1987년에 최초의 HIV 치료제인 지도부딘이 개발된 이래로 에이즈 치료법은 계속 발전하고 있어요. 환자의 몸에서 'HIV 저장소'를 제거할 수 있는 치료제와 성공적인 백신을 개발하는 것이 최종 목표랍니다.

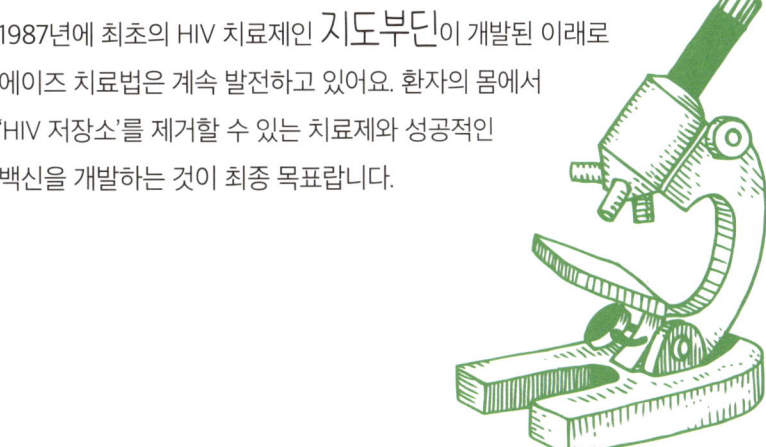

자가 면역과 암 : 인체의 반항!

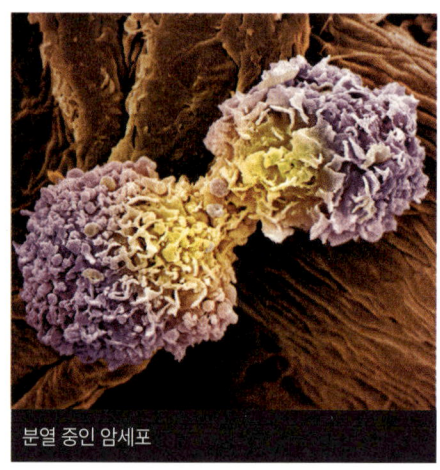
분열 중인 암세포

자기를 알아보다

인체의 세포는 '자기(self)'라고 불리는 특별한 표시를 가지고 있어요. 그 표시 덕분에 면역 세포가 자기 자신을 알아보고, 외부 물질이 들어왔을 때 자기를 제외한 외부 물질만을 공격해 파괴할 수 있는 것이지요. 예를 들어 혈액 세포의 표시는 바로 ABO로 나타나는 혈액형이에요. 혈액형이 안 맞는 피가 몸에 들어오면 면역 세포들은 다른 혈액형을 지닌 세포들을 제거한답니다.

면역계의 일탈

자가 면역 질환이란 면역계가 '자기'를 정확하게 구별하지 못해 스스로를 공격하게 되는 병으로, 세계적으로 20명 중 1명 이상이 겪고 있는 질환이에요. 현재 나와 있는 치료법은 반응과 증상을 줄여줄 뿐, 병 자체를 치료하는 단계에는 아직 이르지 못하고 있어요.

종양은 어떻게 생기는 것일까?

세포는 정해진 메커니즘에 따라 분열하면서 자신과 똑같은 새로운 세포들을 만들어 내요. 그런데 우연히 혹은 담배 연기에 함유된 벤젠 같은 발암 물질의 작용으로 복제 오류(변이)가 일어나면 세포가 **비정상적인 방식으로 분열**하면서 종양이 될 수 있어요. 원칙적으로는 이러한 오류가 생기면 인체 내에서 알아서 바로잡거나 파괴되도록 설계되어 있지만, 세포 자체에 변이가 일어난 경우 세포는 죽기를 거부하면서 더 빠르게 증식하는 통제 불능 상태가 되지요.

어떤 암이 많을까?

암 발생률은 남성이 여성보다 높아요. 종류별로 순위를 매긴다면 유방암과 전립선암이 제일 많고, 그다음은 폐암과 대장암, 직장암 순이죠. 세계적으로 암 발병의 16퍼센트는 바이러스 감염에 의한 것이에요 (자궁경부암, 간암, 위암). 그래서 학자들은 암에 미리 대처할 수 있는 백신 개발에 노력을 쏟고 있답니다.

알레르기와 자가면역 질환

알레르기 역시 자가 면역 질환과 마찬가지로 면역계가 과도하게 반응해 재채기나 두드러기 등이 나타나며, 심하면 저혈압, 쇼크, 기도 수축 등으로 사망에까지 이를 수 있어요. 자가 면역 질환과 차이가 있다면 알레르기는 외부 물질(땅콩, 꽃가루, 달걀 등)이 요인이 된다는 점이지요.

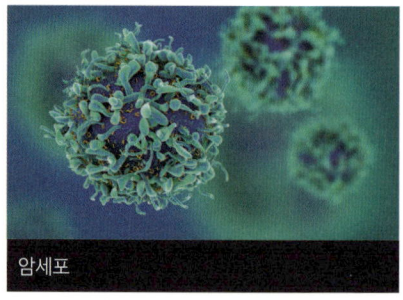
암세포

인체를 샅샅이 파헤치다

림프절을 만져 봐!

우리 몸에는 혈액이 흐르는 혈관계 외에 림프액이 흐르는 **림프계**가 있어요. 림프액은 림프관을 따라 온몸을 돌면서 여분의 체액을 수거해 오는 역할을 맡고 있어요. 림프관 중간중간에 위치한 림프절은 면역 작용에서 중요한 역할을 합니다. 몸에 감염이 발생하면 림프절이 부풀게 되는데, 이때 턱이나 겨드랑이, 사타구니처럼 림프절이 분포된 곳을 손으로 만져 보면 덩어리 같은 것이 느껴져요. 그런데 암에 걸릴 경우 림프절을 통해 전이가 되기도 해요. 따라서 유방암 같은 일부 암의 경우 발병 부위와 가장 가까운 림프절인 '감시 림프절'을 검사하면 암이 얼마나 진행되었는지를 알 수 있어요.

전이의 원인

모든 **종양**이 다 암인 것은 아니에요. 암이 되는 종양은 영양분을 얻기 위해 주변으로 혈관을 만들어 내면서 빠르게 성장하는 특징을 지녔으며, '변형된 자기'를 가진 비정상적인 세포로 이루어져 있어요. 이 세포들이 면역 반응을 저지하면서 혈액을 포함한 주변 조직으로 침투하면 2차 종양, 즉 전이가 발생하는 것이지요.

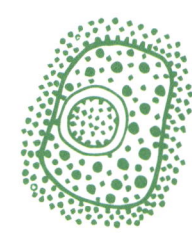

치료적 혁신

암 치료는 몇 년 전부터 면역 요법과 표적 치료를 통해 크게 발전했어요. 면역 요법은 면역계 자체의 기능을 통해 암세포를 파괴하는 것이고, 표적 치료는 DNA 분석으로 암세포의 고유한 특징을 알아내서 암세포만을 선택적으로 공격하는 거예요. 물론 아직 완벽한 단계는 아니기 때문에 두 치료법의 효과를 높이고 부작용을 줄이기 위한 연구는 계속 진행되고 있어요. 신장암 같은 일부 암이나 수술이 불가능한 경우에는 냉동 요법을 쓰기도 하는데, 액화 질소 같은 기체로 종양 부위를 영하 40도씨로 얼렸다가 해동시키는 과정을 통해 암세포를 죽이는 방법입니다.

암을 치료하려면?

암을 치료하는 방사선 요법은 종양에 방사선을 쬐어 암세포의 DNA를 파괴하는 치료법이에요. 전이를 포함해 남아 있는 암세포를 제거하기 위해 주사를 맞거나 약을 먹는 등의 화학 요법과 병행되기도 해요. 화학 요법은 빠르게 증식하는 세포를 제거한다는 목표를 가지고 있어요. 그래서 암세포뿐만 아니라 빠른 증식력을 가진 정상 세포까지 파괴될 수 있기 때문에 많은 부작용이 따릅니다.

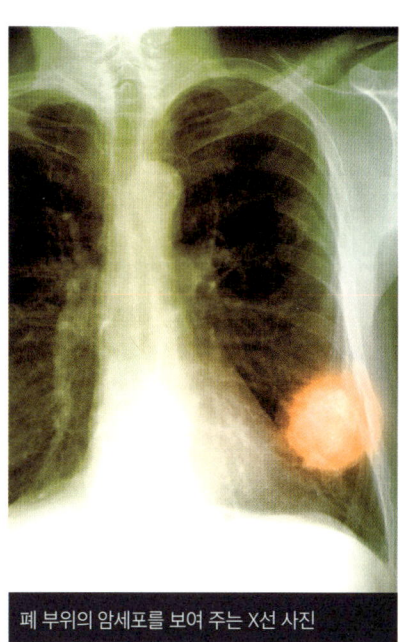

폐 부위의 암세포를 보여 주는 X선 사진

인체의 균형

모든 것이 균형 있게!

항상성이라는 개념은 1865년에 프랑스 생리학자 클로드 베르나르가 '내적 균형'이라는 표현으로 처음 제시했어요. 항상성은 인체가 외부나 내부의 변화에 대응하기 위해 체내의 여러 변수를 순간순간 조절해서 안정된 상태를 유지하는 것을 말해요. 실제로 인체는 끊임없이 체내의 여러 수치를 확인하며, 몸으로 들어오고 나가는 것을 종합적으로 검토하면서 모든 것을 필요에 맞게 조정하고 있답니다.

pH를 유지하라!

인체는 체내의 **산도**를 조절해서 pH, 즉 수소 이온 농도를 일정하게 유지하는데, 이는 인체로서도 아주 골치 아픈 일이에요. 예를 들어 위장의 pH는 아주 낮지만 위를 제외한 다른 소화관의 pH는 높고, 소변의 pH는 때때로 변할 수 있어도 혈액의 pH는 7.4로 유지되어야 하기 때문이에요. 게다가 pH의 균형을 일정하게 유지하는 것은 아주 중요한 문제예요. pH가 달라지면 일부 단백질의 형태나 작용까지 변하거든요. 예를 들어 신경과 심장의 세포들은 pH가 조금만 변해도 자극 반응성이 손상될 수 있어요. 만약 인체가 조절하지 못하는 수준이 되면 폐와 신장이 pH를 정상 수치로 되돌리는 임무를 맡아요. 그래서 폐나 신장의 기능이 손상되면 혈액의 pH도 변하게 되지요.

세포를 위한 에너지

인체에서 혈당 농도는 1리터당 0.8~1그램 사이를 유지하도록 아주 잘 조절되고 있어요. 당분(포도당)은 세포(특히 신경 세포와 근육 세포)의 원활한 기능에 꼭 필요한 에너지원이기 때문이지요. 당분이 소비되거나 손상되어 혈중 당 수치가 내려가면 인체는 당 수치를 정상으로 되돌려 놓기 위한 메커니즘을 활성화시켜요. 배고픔을 느끼게 해서 당분을 섭취하게 만들거나, 글루카곤 호르몬을 이용해 체내에 저장되어 있던 당분을 끄집어 내는 거예요.

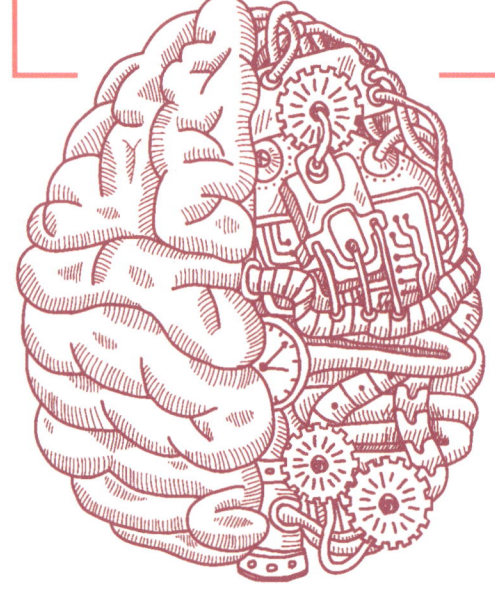

오케스트라의 총지휘자

대뇌 안쪽으로 눈높이 정도의 위치에는 **시상하부**라는 조직이 자리해 있어요. 크기는 아몬드 하나 정도밖에 안 되지만, 인체의 조절 작용에서 가장 중요한 역할을 하지요. 신경성·호르몬성 메시지들이 지나는 교차로 같은 곳이기 때문이에요. 예를 들어 스트레스 반응과 체온 조절, 면역 메커니즘, 갈증, 공포, 24시간을 주기로 한 생체 리듬, 일부 행동 및 모든 내분비 조직이 시상하부의 통제를 받는답니다.

인체를 샅샅이 파헤치다

2000억 개의 적혈구

인체는 매일 1000억~2000억 개의 **적혈구**를 새로 만들어서 120일의 수명을 다한 적혈구와 교체해요. 적혈구를 만드는데는 대개 4~7일 정도 소요되지만, 생성을 자극하는 인자가 있으면 시간이 단축될 수도 있어요.

신장의 역할

신장은 '네프론' 이라는 구조를 통해 혈액을 깨끗하게 걸러 주는 역할을 해요. 하루에 180리터의 혈장이 신장에서 걸러지는데, 그중 최종적으로 소변으로 배출되는 양은 1~2리터밖에 되지 않는답니다. 나머지 혈액은 깨끗하게 회복되어 다시 자기 자리에서 할 일을 하게 되는 거예요. 신장은 필요에 따라 약물이나 당분을 제거하는 역할도 하며, 비타민D를 활성화해서 칼슘이 뼈에 축적되도록 도와주기도 해요. 그리고 두 가지 호르몬, 즉 혈압 조절에 필요한 레닌과 적혈구 생성을 자극하는 에리트로포이에틴을 분비하지요.

완전히 새것처럼!

인체는 기능을 지속적으로 유지하기 위해 낡은 세포를 새로운 것으로 **교체**해요. 예를 들어 피부 세포는 4~5주마다 새로 교체되고, 장 세포는 5일마다 교체돼요. 전체적으로 보면 인체를 이루는 세포들의 평균 수명은 10년도 채 되지 않지요. 하지만 뇌를 이루는 세포들은 수명이 아주 길며, 뉴런 중에는 평생을 가는 것도 있어요!

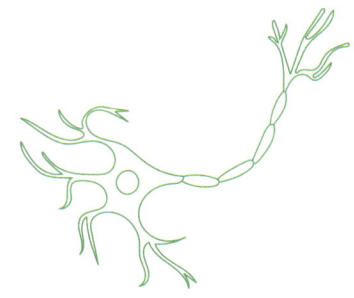

적혈구와 산소량

적혈구는 체내 조직에 산소를 운반하는 헤모글로빈을 가지고 있어요. 그래서 우리 몸에 적혈구 수가 늘어나면 체내 산소량도 증가하지요. 체내 산소량이 증가하면 높은 산에 너무 빨리 올라갔을 때 생기는 고산병 증상이 완화되는 효과가 있으며, 운동선수들이 지구력과 기록을 향상시키는 데도 도움이 돼요.

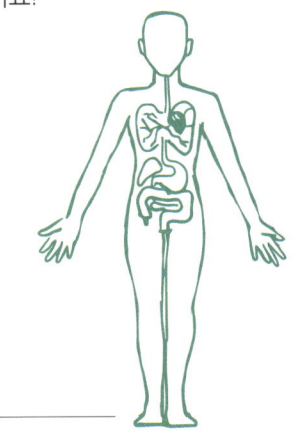

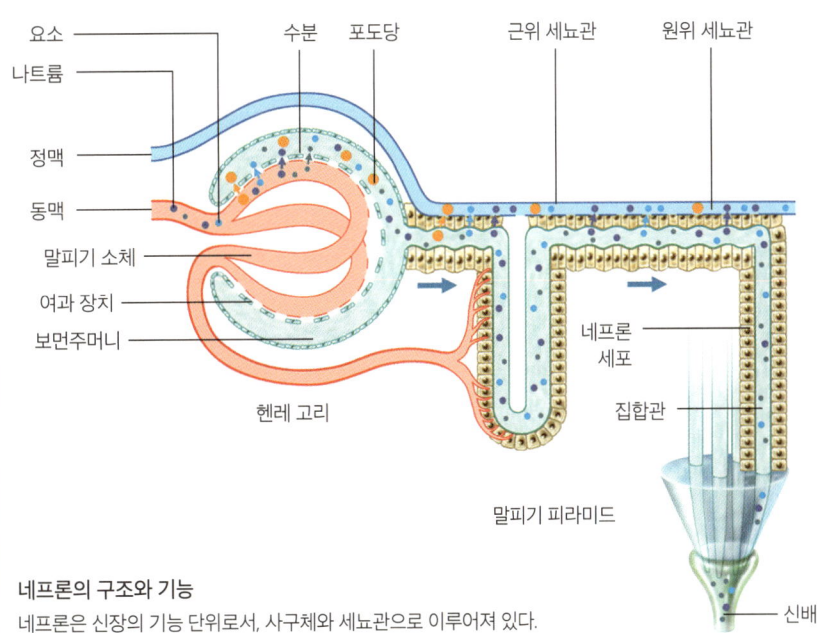

네프론의 구조와 기능
네프론은 신장의 기능 단위로서, 사구체와 세뇨관으로 이루어져 있다.

인체를 위한 600개의 근육

근육의 종류

인간의 근육은 크게 세 종류로 나눌 수 있어요. 인체의 여러 부분을 우리가 원하는 대로 움직일 수 있게 해 주는, 가로무늬근에 속하는 '골격근', 속이 빈 기관(식도, 위, 장, 방광, 혈관 등)의 벽을 이루는, 민무늬근에 속하는 '내장근', 심장의 벽을 이루는 근육으로서 가로무늬근이지만 민무늬근처럼 움직이는 '심근'이 그것입니다.

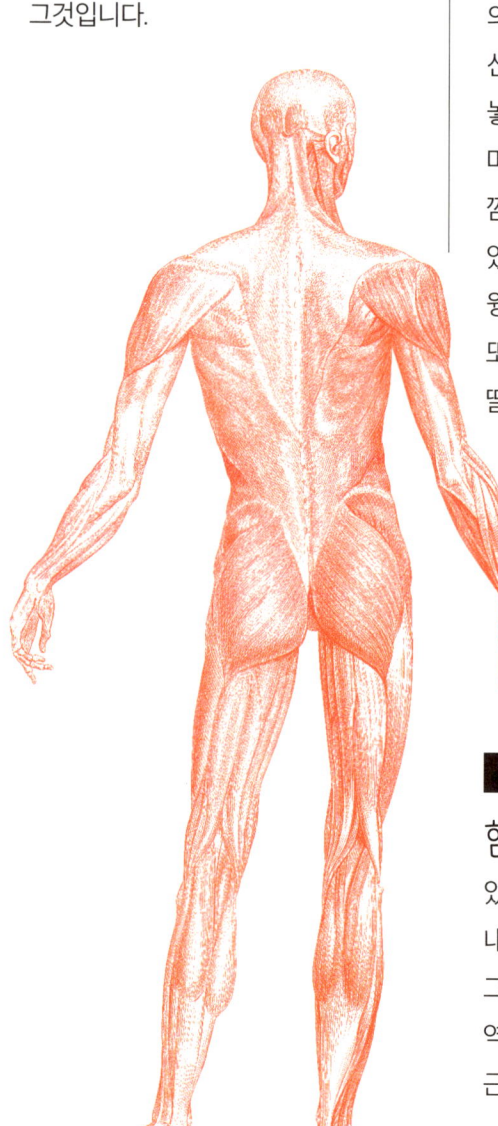

신경 지배의 문제

일부 근육은 신경의 지배를 이중으로 받아요. 가슴과 배를 나누는 근육인 횡격막이 대표적인 예지요. 횡격막이 일정하고 자율적인 방식으로 오르내리면서 폐의 호흡을 돕거나 신체 활동의 영향으로 운동 속도가 빨라지는 것은 자율 신경계(불수의 신경계)의 지배에 따른 작용이지만, 우리가 의도적으로 숨을 참을 때는 체성 신경계(수의 신경계)의 지배에 놓이기 때문이에요. 눈꺼풀 근육도 마찬가지예요. 눈을 규칙적으로 깜박거리는 일이나 잘 때 눈을 감고 있는 일은 스스로 알아서 하지만, 윙크를 하거나 눈을 꽉 감을 때는 또 우리 의도대로 움직이니까요. 딸꾹질이나 눈꺼풀 떨림은 그 근육들이 무질서하게 수축할 때 나타나는 현상이에요.

힘센 이두박근?

어떤 근육이 가장 힘이 셀까요? 상반신과 다리를 정렬시키면서 우리가 일어나고 서 있을 수 있게 해 주는 대둔근일까요? 아니면 크기는 작지만 높은 압력을 주어 턱을 닫게 해 주는 교근일까요? 혹은 두꺼운 팔에 울퉁불퉁 튀어나와 있는 이두박근일까요? 사실 이두박근은 운동으로 키운 경우 힘이 아주 세 보이지만, 대둔근과 교근에 비하면 힘이 별로 없답니다.

힘줄이야, 인대야?

힘줄과 인대는 끈 형태의 결합 조직으로, 주로 콜라겐으로 이루어져 있어요. 힘줄과 인대의 차이는 기능에 있는데, 우선 인대는 보통 관절 주위나 내부에 있는 뼈와 뼈를 연결해서 관절이 안정적으로 움직일 수 있게 도와줘요. 그에 비해 힘줄은 뼈와 근육 사이에 위치하면서 근육을 뼈에 부착시키는 역할을 하지요. 손등을 위로 한 상태에서 엄지손가락을 들어 올렸을 때 손목 근처에 튀어나오는 부분이 힘줄이에요.

인체를 샅샅이 파헤치다

표정과 근육
우리는 웃을 때 17개의 근육을 사용해요. 하지만 얼굴을 찌푸릴 때는 43개의 근육이 필요하답니다!

보너스 근육
어떤 사람들은 남들에게는 없는 근육을 가지고 있는데, 그런 근육을 **부정근**(不定筋)이라고 불러요. 예를 들어 엄지손가락과 새끼손가락을 맞대면서 손목 안쪽을 관찰하면 근육 수축과 관련된 힘줄이 드러나는데, 그 개수가 사람마다 똑같지 않아요. 이러한 차이는 왜 생기는 것일까요? 손목 어느 한쪽이나 양쪽에 장장근(긴손바닥근)이 있는 사람도 있고 없는 사람도 있기 때문이에요. 발목에 있는 제삼비골근(셋째종아리근) 역시 부정근이지요. 배에 있는 복직근을 나누는 힘줄의 수도 사람에 따라 2개에서 5개까지 다양해요. 그래서 '초콜릿 복근'을 이루는 초콜릿 조각의 수도 모두가 다 똑같지 않답니다!

사후 경직
사람이 죽으면 칼슘 이온이 근육 섬유를 굳게 만들며, 따라서 근육은 수축을 하지 않았는데도 딱딱해져요. 이러한 **사후 경직**은 사망하고 몇 시간 뒤에 턱과 목덜미의 작은 근육에서부터 시작해 민무늬근을 포함한 몸 전체 근육으로 확대되지요. 그래서 법의학에서는 사망 시점을 알아낼 때 사후 경직의 진행 정도를 근거로 활용해요. 사망하고 수십 시간이 지나면 칼슘의 작용이 사라지면서 시체가 다시 부드러워진답니다.

근육 키우기
근육의 밀도(1.1kg/L)는 지방의 밀도(0.9kg/L)보다 높아요. 지방 1킬로그램이 근육 1킬로그램보다 많은 부피를 차지한다는 뜻이지요. 그래서 운동으로 지방이 줄어들고 근육이 늘어날 경우, 몸은 날씬해지는데도 체중은 일시적으로 늘어날 수 있어요.

머리카락의 이모저모
머리카락은 털의 일종이에요. 머리카락 중에 겉으로 보이는 부분은 죽은 세포로 이루어져 있어서, 실제로 그 부분이 자라는 것이 아니라 두피 안쪽에 있는 부분이 자라는 것이랍니다. 두피에 묻혀 있는 부분은 뿌리(모근), 밖으로 나와 있는 부분은 줄기(모간)에 해당해요. 현재 알려진 바에 따르면 우리 머리카락은 하루에 평균 0.3밀리미터씩 자란다고 해요. 털이나 머리카락이 쭈뼛 서는 현상은 입모근이라는 근육의 작용이에요. 추위나 오싹한 기분을 느꼈을 때 소름이 돋게 만드는 것도 입모근이지요.

인체를 꿰뚫어 보다

최초의 엑스레이

X선을 이용한 인체 촬영인 엑스레이는 1895년에 처음 실행되었어요. 그때부터 의료 영상의 역사가 시작된 것이지요!

조영제의 작용

의료 영상을 찍을 때 **조영제**를 이용하면 조직의 구조(관절의 내부, 혈관 등)를 더 뚜렷하게 볼 수 있어요. 핵의학에서는 특수한 방사성 물질을 조영제로 써서 검사 및 진단에 이용하는데, 이 경우 조영제가 우리 몸에서 어디를 이동하고 있는지, 어디로 흡수되는지 그 과정을 실시간으로 지켜볼 수 있답니다.

삼키는 내시경

위나 장의 건강 상태를 살펴볼 때 **내시경**이라는 초소형 카메라를 몸에 집어넣어요. 그런데 소장 내부는 내시경을 쓰더라도 관찰하기가 어려워요. 길고 구불구불한데다가, 괄약근이 내시경의 접근을 방해하기 때문이에요. 그런데 캡슐 내시경은 알약처럼 물과 함께 삼키기만 하면 된답니다. 캡슐 안에 든 초소형 카메라가 소화가 진행되는 7시간 동안 1초에 4장 이상의 사진을 촬영해서 환자가 허리에 차고 있는 기록 장치로 전송해 주는 거예요. 임무를 마친 캡슐 내시경은 자연적으로 체외로 배출되어 폐기되지요.

내시경 불빛을 따라서

요즘 의료계에서는 **카메라**가 폭넓게 사용되고 있어요. 가령 복강경 수술은 배를 절개하지 않고 작은 구멍만 낸 뒤 특수 카메라가 부착된 내시경을 집어넣어 수술하는 기법으로, 1980년대에 도입되었어요. 소화기나 비뇨기, 생식기 등의 점막을 관찰할 때도 내시경이 사용되지요.

자기 공명 영상법

MRI, 즉 **자기 공명 영상법**(Magnetic Resonance Imaging)에 쓰는 기기는 마치 고대 이집트의 관을 연상케 하고, 시끄러운 소음까지 나는 무시무시한 녀석이지만, 병을 진단하는 데는 매우 큰 도움을 줘요. 커다란 자석이 환자 주위를 돌면서 생기는 자기장으로 인체의 원자(특히 수소 원자)를 공명시켜 영상을 만들어내는 원리인데, 보기에는 무서워도 아주 정확하고 인체에도 해롭지 않은 검사법이랍니다.

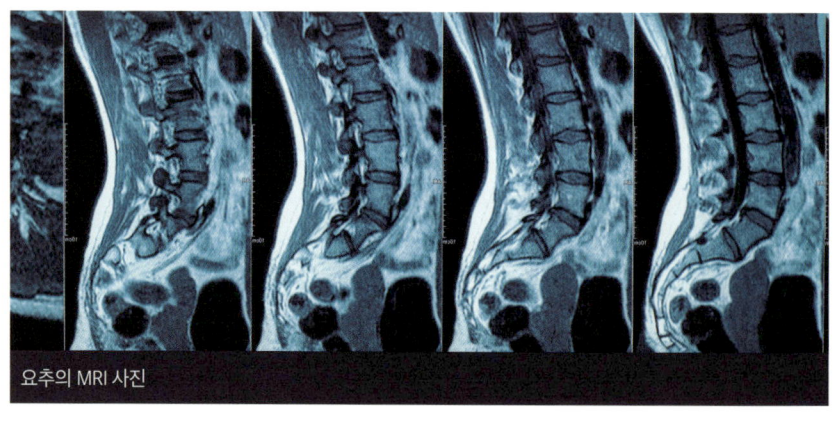

요추의 MRI 사진

인체를 샅샅이 파헤치다

지문과 지문 감식

우리는 지문을 통해 개인을 증명하고 인식하는 시대에 살고 있어요. 지문은 누구나 가지고 있으면서도 개인마다 모양이 다르기 때문이에요. 지문은 중앙, 하단, 상단, 가장자리의 네 부분으로 나누어지는데, 지문을 확인할 때는 지문 곡선인 융선의 흐름이 세 방향에서 모이는 '삼각주' 지점을 제일 먼저 관찰해야 해요.

초음파 검사란?

초음파 검사라는 말을 종종 들어 보았을 거예요. 초음파 검사는 우리 귀에는 들리지 않는 주파수를 지닌 음파, 즉 초음파의 반응을 이용하는 기술이에요. 검사 대상을 향해 초음파를 방출하면 초음파는 그 대상에 부딪혔다가 다시 출발점으로 돌아오게 되는데, 이때 걸리는 시간에서부터 거리를 거꾸로 계산하는 방식으로 영상을 구성해 실시간으로 보여 주는 거예요. 초음파 영상에서 액체는 회색이나 검은색으로 나타나고, 단단한 조직은 흰색으로 나타나요.

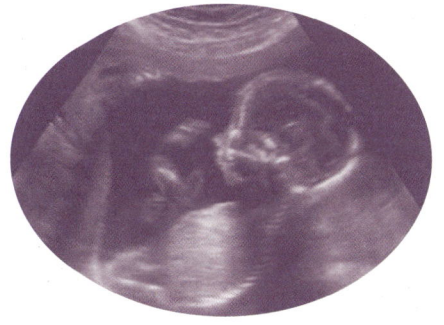

4개월 된 태아의 초음파 사진

뇌를 위한 신기술

프랑스 국립 보건 의학 연구소(INSERM)와 국립 과학 연구원(CNRS)의 학자들은 **뇌의 활동**을 MRI보다 더 정밀하게 관찰할 수 있는 새로운 기술을 개발했어요. 이 기술은 뇌 전체에 걸친 혈액의 움직임을 1초에 수천 번까지 측정할 수 있어서 (이전까지는 1초에 수십 번만 측정할 수 있었어요.) 뇌의 활동을 시간적으로나 공간적으로나 아주 높은 해상도로 시각화할 수 있어요. 실제로 연구진은 이 기술을 이용해 쥐가 간질 발작을 일으킬 때 나타나는 뇌 활동을 촬영했는데, 이는 기존의 기술로는 불가능한 일이었답니다.

검사법의 차이

CT와 MRI는 인체의 3차원 영상을 얻게 해 준다는 점은 똑같아요. 차이가 있다면 CT는 엑스레이와 마찬가지로 X선을 사용해요. 속도가 빠르고, 외과 수술 중에도 사용할 수 있으며, 뼈와 조직의 이상(종양)을 관찰할 수 있는 밀리미터 단위의 낮은 해상도를 지녔지요. 이에 비해 MRI는 조직들 사이의 대조를 더 뚜렷하게 보여 주며, 부드러운 조직도 정확하게 촬영할 수 있어요. 그래서 여러 조직이 연관되어 있을 때 주로 사용합니다(관절강, 부종, 뇌 등).

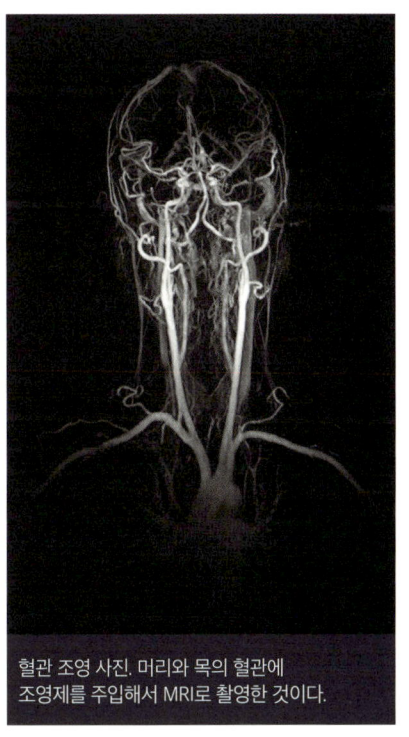

혈관 조영 사진. 머리와 목의 혈관에 조영제를 주입해서 MRI로 촬영한 것이다.

현대 의학의 현황

양귀비는 진통 및 진정 효과뿐만 아니라 관상 효과도 있다.

최초의 진통제

양귀비의 진통 효과는 5000년도 더 전부터 알려져 있었어요. 처음에는 아편으로 만들어졌고 1817년부터 모르핀과 코데인으로 활용되었어요. 인류 최초의 진통제였던 거예요! 하지만 아편 성분의 약품은 중독성이 강한 마약이기 때문에 많은 비난을 받거나 사용이 금지되기도 했어요.

간의 해독 기능

간은 성인의 경우 약 1.5킬로그램의 무게를 지닌 장기예요. 체내에 약물이 들어갔을 땐 간의 역할에 주목해야 해요. 간은 혈액을 걸러서 독성 물질을 제거하는 역할을 하는데, 그 과정에서 일부 약물의 꼭 필요한 성분도 제거될 수 있기 때문이에요. 그래서 의약품을 개발할 때는 그 성분이 간의 거름망을 무사히 통과할 수 있는지도 따져 봐야 하지요.

진통제를 많이 먹으면?

타이레놀, 게보린 등에 들어 있는 진통제 성분 파라세타몰은 간에 무리를 주기 때문에 너무 많이 먹으면 치명적인 간 중독을 유발할 수도 있어요. 따라서 성인은 하루에 4그램이 넘지 않는 양을 시간 간격을 두고 복용해야 하고, 아동은 체중에 맞게 양을 조절해야 해요.

아스피린의 효과

1897년에 개발된 아세틸살리실산, 즉 아스피린은 화학의 발전에 따른 결과물이에요. 버드나무 껍질에 함유된 그 약효 성분은 4000년도 더 전부터 알려져 있었지만 심각한 위장 손상을 유발한다는 단점이 있었는데, 그 부작용을 완화시켜 의약품으로 내놓은 거예요. 현재 아스피린은 세계에서 가장 많이 소비되는 진통제이며(1년에 4만 톤), 계속해서 새로운 효능이 발견되고 있어요.

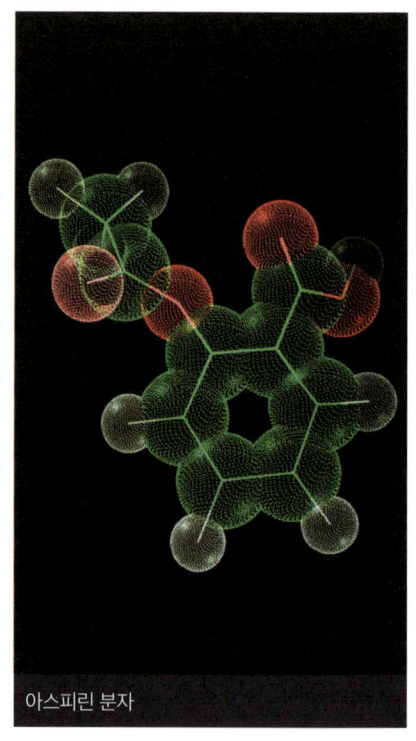

아스피린 분자

인체를 샅샅이 파헤치다

팅크 한 방울

팅크는 '착색한 액체'라는 뜻의 라틴어에서 유래한 'tincture'를 줄인 말이에요. 한 가지 이상의 약용 식물을 알코올에 담가 놨다가 효과가 있는 성분만 추출한 것을 말하지요. 유사 요법이나 약용 식물 요법에서 약제를 만들 때 주로 사용돼요.

꼭 필요한 것만

1977년, 세계보건기구(WHO)는 주요 질환들을 치료하기 위한 기본적이고 **필수적인 의약품** 목록을 발표했어요. 제약업계에서 너무 많은 제품을 내놓아서 소비자들이 혼란을 겪지 않도록 꼭 필요한 것들만 선정한 거예요. 이 목록은 주기적으로 갱신되고 있답니다.

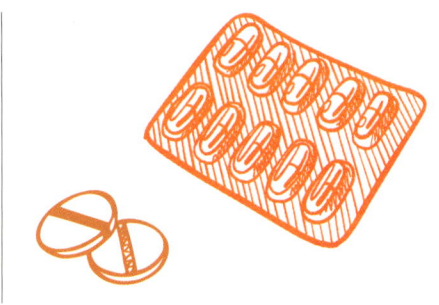

2000종의 의약품

2019년을 기준으로 우리나라에서 한 해 동안 생산되고 있는 의약품은 2000종이 넘어요. 하지만 의료계에 따르면 인구의 95퍼센트는 200종 미만의 의약품으로도 충분히 치료할 수 있다는군요.

인체를 돌보는 세균!

항생제는 세균에 의한 질병을 치료해 주는 물질이에요. 그런데 장이나 비뇨기, 생식기 등에 서식하는 세균 중에는 인체에 꼭 필요한 것도 많아요. 그러니 항생제를 너무 자주 사용하면 우리 몸의 좋은 세균까지 사라질 수 있어 조심해야 해요. 건강을 위해서는 장내 세균의 균형을 회복해야 하는데, 프로바이오틱스 요법에서는 대부분의 요구르트에 함유된 천연 세균으로 체내 미생물상의 균형 회복을 도울 수 있어요.

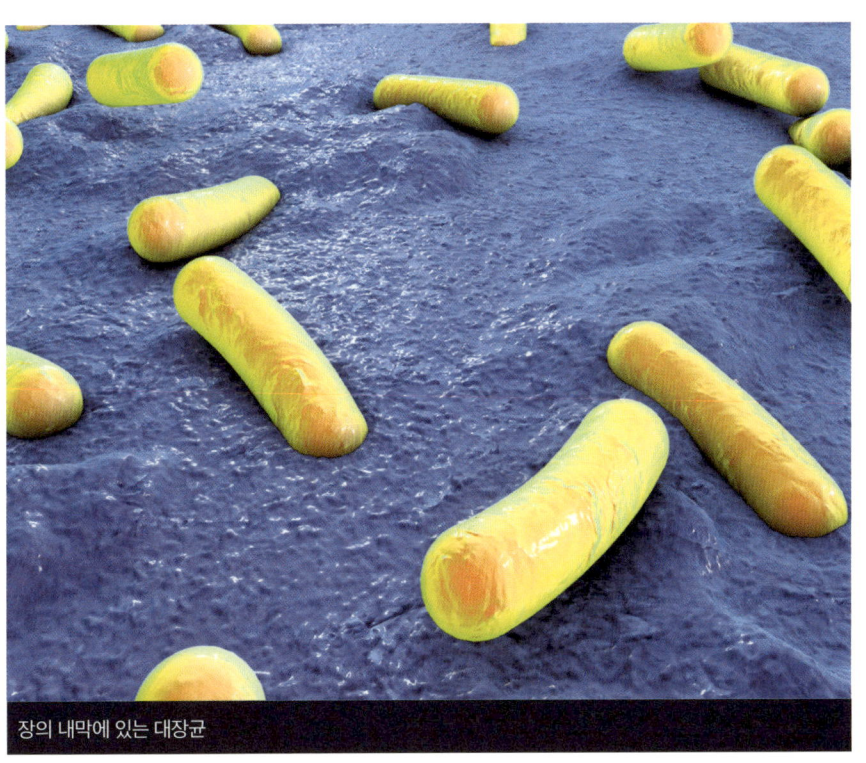

장의 내막에 있는 대장균

주요 어휘 사전

CERN
유럽 입자 물리 연구소(Conseil Européen pour la Recherche Nucléaire)의 약칭. 현재 정식 명칭은 'Organisation Européenne pour la Recherche Nucléaire'로 바뀌었지만 약칭은 그대로 쓰인다. 세계 최대 입자 물리학 연구소로, 스위스 제네바와 프랑스 사이의 국경 지대에 위치해 있다.

CNRS
프랑스 국립 과학 연구원(Centre National de la Recherche Scientifique)의 약칭. 1939년에 설립된 공공 연구 기관이다.

RNA
리보핵산(RiboNucleic Acid)의 줄임말. DNA보다 크기가 작고 불안정한 분자로, 전령 RNA의 형태로 유전자의 정보를 전사한 뒤 세포핵 밖으로 이동해서 그 정보가 아미노산 연쇄(단백질)로 번역되게 하는 역할을 한다. 다른 형태의 RNA도 이 과정에 개입한다(운반 RNA나 리보솜 RNA).

감수 분열 meiosis
생식 세포가 만들어질 때 염색체가 둘로 나누어지면서 유전 물질이 절반으로 줄어드는 방식의 세포 분열.

공생 symbiosis
생물이 다른 생물과 서로 이익을 주는 관계를 유지하면서 함께 사는 것.

게놈 genome
한 개체 또는 한 생물종이 가지는 유전자 전체.

계통학 phylogenetics
진화론에 근거해 생물의 유연 관계를 연구하는 학문.

동위 원소 isotope
원자 번호는 같지만(따라서 양성자 수와 전자의 수도 같지만) 중성자의 수가 다른 원소들.

미토콘드리아 mitochondria
대부분의 생물 세포의 세포질에 들어 있는 길쭉한 형태의 세포 소기관. 세포의 대사 작용에 필요한 에너지를 제공하는 기능을 한다.

발효 fermentation
당분이 산소가 없거나 부족한 상태에서 분해될 때 발생하는 화학 반응으로, 경우에 따라 산이나 알코올, 가스 등이 만들어진다.

배우자 gamete
생식에 관여하는 세포.

백신 보조제 vaccine adjuvant
항원과 함께 백신 성분으로 들어가는 물질로, 면역 반응을 키워서 백신의 효과를 높이는 역할을 한다.

신경증 neurosis
정신병의 경우와는 달리 현실 판단 능력에는 아무 이상이 없는 신경 질환.

아미노산 amino acid
단백질의 기본 성분이 되는 분자. 아미노산의 배열 순서가 단백질의 형태와 기능을 결정한다.

자연 발생설 spontaneous generation
생물이 무기물에서부터 저절로 생겨날 수 있다고 설명하는 이론으로, 19세기 말부터 폐기되었다. 최초의 생명체의 출현에 대한 경우는 예외다.

정신병 psychosis
판단이나 지각의 왜곡(정신 착란, 환각)을 동반하는 정신적 장애.

창조론 creationism
우주와 동물, 인간의 기원에 관한 모든 이론이 성경의 창세기에서 말하는 내용(천지 창조)과 일치해야 한다고 보는 견해.

코딩 유전자 / 비코딩 유전자 coding gene / noncoding gene
코딩 유전자는 단백질 합성을 담당하는 유전자를 말한다. 비코딩 유전자는 조절 기능을 가질 수도 있고, 아무 기능이 없을 수도 있다('정크 DNA').

편광 polarization of light
빛이 일정한 방향으로만 진동하는 현상. 일반적인 빛은 여러 방향으로 진동하면서 이동하지만, 광학 필터 같은 도구를 사용하면 편광된 상태의 빛을 얻을 수 있다.

항원 antigen
인체가 이물질로 인식하는 물질로서, 면역 반응을 불러일으킨다.

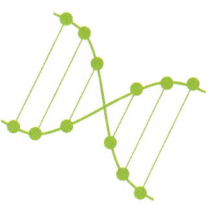

현세 Holocene
약 1만 년 전부터 현재까지를 이르는 지질 시대. '홀로세' 또는 '충적세'라고도 한다. 인간 활동이 지구에 영향을 미친 시점부터를 '인류세'로 다시 구분하는 학자들도 있다.

효소 enzyme
촉매 기능을 가진 단백질. 일부 화학 반응의 속도가 빨라지도록 도와주되, 자기 자신은 변하지 않는다.

찾아보기

알파벳
DNA 42~43쪽, 44~45쪽, 66~67쪽, 68~69쪽
HIV 110~111쪽
MRI 118~119쪽

ㄱ
공룡 16~17쪽
근육 116~117쪽

ㄴ
뇌 96~97쪽, 98~99쪽, 100~101쪽, 104~105쪽

ㄷ
단백질 46~47쪽
동물 38~39쪽, 58~59쪽

ㄹ
루시 8~9쪽
루이 파스퇴르 56~57쪽, 90~91쪽

ㅁ
멘델 40~41쪽
멸종 16~17쪽, 18~19쪽

ㅂ
바이러스 54~55쪽
박물학 38~39쪽
백신 92~93쪽
복제 108~109쪽

ㅅ
생식 34~35쪽, 52~53쪽
세균 56~57쪽, 90~91쪽
세포 32~33쪽, 48~49쪽
신경 94~95쪽
실험 26~27쪽, 40~41쪽, 76~77쪽, 90~91쪽
심장 50~51쪽

ㅇ
암 112~113쪽
에이즈 110~111쪽
엑스레이 118~119쪽
연대 측정법 14~15쪽
염색체 42~43쪽
오스트랄로피테쿠스 8~9쪽, 20~21쪽
외과 78~79쪽
유인원 8~9쪽, 12~13쪽
유전 40~41쪽, 42~43쪽, 68~69쪽, 108~109쪽
이식 82~83쪽
인류 8~9쪽, 20~21쪽

ㅈ
자연 발생설 26~27쪽
정신 의학 86~87쪽
줄기세포 66~67쪽, 68~69쪽, 108~109쪽
직립 보행 8~9쪽
진화 22~23쪽, 24~25쪽, 28~29쪽

ㅊ
찰스 다윈 22~23쪽
창조론 28~29쪽

ㅎ
항생제 56~57쪽, 120~121쪽
해부 74~75쪽
현미경 32~33쪽, 36~37쪽
혈액 순환 80~81쪽
호르몬 102~103쪽
호미니제이션 8~9쪽, 20~21쪽
화석 12~13쪽, 14~15쪽, 16~17쪽
효모 64~65쪽
효소 64~65쪽

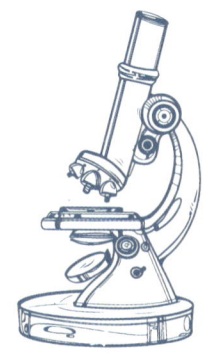

이미지 자료 출처

Archives Larousse : 7쪽, 8쪽 좌측 - Dessin W. Lalonde; 8쪽 우측 - Ph. American Museum of Natural History, New-York; 9쪽, 10쪽 상단과 하단 - Direction régionale des affaires culturelles de Rhône-Alpes, Service régional de l'archéologie ; 11쪽 상단 - Ph. J.M. Labat © Archives Larbor; 13쪽 하단 - Ph. © H. de Lumlev/Coll.Archives Larbor; 16쪽 하단 좌측 - Dessin Masako Taëron; 17쪽 하단 - Dessin Amélie Veaux; 20쪽 상단 - Dessin Christian Jégou; 21쪽 하단, 22쪽 상단 - Ph. Nadar. Coll. Archives Larbor; 18쪽 상단, 23쪽 좌측과 우측 - Dessin Jacques Cartier; 28쪽 상단, 39쪽 상단, 왼쪽 - Ph. Jeanbor © Archives Larbor; 36쪽 상단 - Ph. Jeanbor © Archives Larbor; 41쪽 우측 - Dessin Dominique Roussel; 45쪽 상단, 106쪽 상단 좌측 - Dessin Michel Saemann; 49쪽 좌측 - Dessin Michel Saemann; 50쪽 하단 - Ph. Jeanbor © Archives Larbor; 55쪽 하단 - Dessin Marc Legrand; 58쪽 상단 우측 - Dessin Vincent Boulanger; 72쪽 상단 우측 - Dessin de M. Dessertenne; 73쪽, 74쪽 상단 - Ph. Hubert Josse © Archives Larbor; 75쪽 - JL Charmet © Archives Larbor; 76쪽 - Ph. Luc Joubert © - Archives Larbor; 78쪽 우측 - Ph. L. Joubert © Archives Larbor; 90쪽 상단 - Ph. © Archives Nathan; 91쪽 상단 - Ph. Jean-Loup Charmet © Archives Larbor; 86쪽 상단과 하단 - Ph. DR Coll. Archives Larbor; 87쪽 상단 - Ph. René Basset © Archives Larbor; 94쪽 하단 - Dessin Michel Saemann; 92쪽 하단, 98쪽 하단 - Dessin Michel Saemann; 115쪽 좌측, 120쪽 상단 - Dessin Madeleine;

© CERN : 29쪽 - 1997-2016 CERN

© Cosmos : 15쪽 - James King-Holmes/SPL/COSMOS; 31쪽 - Victor Habbick Visions/SPL/COSMOS; 37쪽 우측 - Power and Syred/SPL/COSMOS; 54쪽 좌측 - Victor Habbick Visions/SPL/COSMOS; 55쪽 상단 - SCIEPRO/SPL/COSMOS; 57쪽 하단 - Peter Menzel/Cosmos; 62쪽 상단 - NOAA PMEL Vents Program/SPL/COSMOS; 63쪽 상단 - Eye of Science/SPL/Cosmos; 64쪽 상단 좌측 - Wolfgang Baumeister/SPL/Cosmos; 67쪽 - SPL/COSMOS; 68쪽 상단 - Patrick Landmann/SPL/COSMOS; 68쪽 하단 - James King-Holmes/ICRF/SPL/COSMOS; 83쪽 상단 - Antoine Rosset/SPL/COSMOS; 83쪽 하단 - J.L.Martha, Publiphoto Diffusion/SPL/COSMOS; 95쪽 하단 - Zephyr/SPL/COSMOS; 97쪽 좌측 - Hank Morgan/SPL/COSMOS; 97쪽 우측 - John Bavosi/SPL/COSMOS; 100쪽 - Wellcome dept. Of cognitive neurology/SPL/COSMOS; 101쪽 - Pasieka Alfred/S.P. L.; 102쪽 상단 - Bo Veisland/SPL/COSMOS; 103쪽 - John Bavosi/SPL/COSMOS; 104쪽 상단 - James Holmes/SPL/COSMOS; 108쪽 - GUSTOIMAGES/SPL/COSMOS; 109쪽 하단 - NIBSC/SPL/COSMOS; 112쪽 상단 - Steve Gschmeissnet/SPL/COSMOS; 113쪽 - Du Cane Medical Imaging LTD/SPL/COSMOS; 114쪽 하단 - CNRI/SPL/COSMOS; 120쪽 하단 - PASIEKA/SPL/COSMOS;

© Fotolia : 50쪽 상단, 79쪽, 84쪽 상단

© Henry Grand Archive/Museum of London : 44쪽 하단 우측

© RMN : 36쪽 - Muséum d'histoire naturelle, Dist. RMN-Grand Palais/image du MNHN, bibliothèque centrale8

© Shutterstock : 6쪽, 12쪽 상단, 14쪽, 16쪽 상단, 18쪽 하단, 19쪽 상단, 21쪽 상단과 하단, 30쪽, 33쪽, 43쪽 상단 및 하단, 44쪽 좌측, 45쪽 하단, 46쪽, 47쪽 상단 및 하단, 48쪽 좌측 및 우측, 49쪽 우측, 51쪽 좌측, 53쪽, 54쪽 우측, 56쪽 상단 우측, 57쪽 상단, 58쪽 하단, 59쪽 하단 우측, 60쪽 상단 및 하단, 61쪽 상단 및 하단, 63쪽 하단, 65쪽 상단 우측, 66쪽 상단 좌측, 69쪽, 71쪽 상단, 76쪽, 77쪽, 80쪽 우측, 81쪽, 85쪽 상단 우측 및 하단 좌측, 88쪽, 87쪽 하단, 89쪽, 95쪽 상단, 96쪽, 98쪽 우측, 99쪽, 104쪽, 105쪽 상단과 하단, 109쪽 상단, 110쪽, 111쪽, 112쪽 하단, 114쪽 상단, 116쪽, 117쪽 상단 우측, 118쪽, 119쪽 좌측 및 우측, 121쪽

© University of Michigan - DR (peinture de Robert Thom) : 26쪽 상단

© US National Library of Medicine : 89쪽 상단

© Wellcome Images : 12쪽 하단, 13쪽 하단, 16쪽 하단 좌측, 24쪽 하단, 25쪽 하단, 26쪽 하단 좌측과 우측, 28쪽 하단, 32쪽 우측, 34쪽 상단, 35쪽 우측, 39쪽 상단 우측, 64쪽 하단, 76쪽 상단 우측, 78쪽 좌측, 79쪽 상단, 80쪽 상단 좌측, 82쪽, 84쪽 하단, 85쪽 상단 좌측 90쪽 하단, 91쪽 하단, 92쪽 상단, 93쪽 하단

* 기타 본문의 모든 도면과 이미지의 출처는 Shutterstock.com.입니다.